ダンディズムの系譜

男が憧れた男たち

中野香織

新潮選書

ダンディズムの系譜　目次

第Ⅲ部 現代のダンディズム像

ダンディズムの系譜——男が憧れた男たち

序　いま、なぜダンディズムか

――現代日本における「ダンディ」の解釈

ダンディって、かっこいいのか？

現代の日本において、ダンディあるいはダンディズムという言葉を聞くとき、いくばくかの気恥ずかしさを感じる。

まず、今日の日本語状況におけるこの言葉のニュアンスじたいが、一〇〇パーセント芳しいものとはいえない。

たとえば、こだわりをもって選ばれたと思しき服や小物で身を固めたミドルエイジの男性に対して「ダンディでいらっしゃいますね」とほめたりする場合。周りがみんな浮かれ騒いでいるときに一人隅のほうで淡々と葉巻をたしなんでいる男性を、「あれがあの人のダンディズムってやつだから」といって敬遠したりする場合。

深い意味はこめられていなくとも、その場合のダンディなりダンディズムなりという評価には、「あら気取っちゃって」という揶揄めいた気分が見え隠れする。言われたほうも恥ずかしかろうと憶測すると、いたたまれなくなる。

服装や立ち居振る舞いが強い自意識のもとに洗練されている男性をダンディと呼び、百万人が熱狂してもひとり超然と冷静を保つという態度をダンディズムと呼ぶ、という日本における漠然とした狭義の一般通念は、どうも手放しのほめ言葉というわけでもないようである。

あまりかっこよくキメすぎることは品がない、粋を気取る恥ずかしさよりもほどよい野暮の安心感がいい、という日本人特有の含羞の美意識が、そこに働いているのかもしれない。

ダンディって、なにもの？

それでもなお、現代の日本において、広義でいうところのダンディは、男の一理想像として健在であり、ダンディズムは男が憧れる生き方の指針のひとつとして有効であり続けている。

たとえば、二〇〇八年三月末、ＮＨＫ・ＢＳハイビジョン放送で「今夜決定⁉　世界のダンディー（のばす表記は番組名のまま）」という討論番組が放映された。奥田瑛二の司会のもと、ピーター・バラカン、佐野史郎、鹿島茂、姜尚中、高橋源一郎、といった高い知性と鋭い同時代感覚を備えた「ダンディな」男性たちが、音楽、映画、芸術、政治思想、文学、それぞれの部門における二十世紀のダンディを五人ずつ推し、その中から部門別ベストを選び、さらに各部門のベストの中から世界最高のダンディを選ぶという、遊び心たっぷりの、まじめで楽しい教養娯楽番組であった。

マイルス・デイヴィスにジョン・レノン、サルバドール・ダリにアンディ・ウォーホル、植木等に薩摩治郎八に後藤新平、周恩来やチェ・ゲバラにいたるまで、二十世紀に輝かしく名を残した、存在感たっぷりのかっこいい男たちが続々、紹介される。

しかし、五人の選考委員と一人の司会者が、どんな統一基準をもって「ダンディ」を選んでいるのか、いかなる共通了解事項をもって「ダンディズム」を規定しているのか、いまひとつ、わからないままであった。

もちろん、選考委員それぞれが「ダンディ」ないし「ダンディズム」をどうとらえているのかは、言葉の端々からうかがい知ることができた。ただ、その定義が各人、ばらばらなのである。

「反骨精神・反体制」(バラカン)

「でたらめな人」「語らないことがダンディズムであるのに、語らなくてはならない矛盾にみちた問題」(佐野)

「伝説を残すのに成功した人」「蕩尽の美学」「自分を出さないで自分を出すという技術」「複製にあらがうこと」(鹿島)

「ナンバー2であり続けた人」「模倣したい、と思わせる喚起力をもつ人」「抑制の美学」(姜)

「薄皮ぎりぎりのところで表現しなきゃいけないたたずまい」「なにかからの自由」(高橋)

――などなど、さすがと思わせるお言葉は随所に登場するのだが、全員に共通する基準は、ついぞわからなかった。なにかぼんやりと、それぞれがかっこいいなあと思う男の理想をダンディという存在に読み込んでいるのでは、という印象すら時折、受けた。

ドイツの哲学者カール・ヤスパース、および、パレスチナ人として生まれて主流のアメリカ文化に異議申し立てをし続けた思想家、エドワード・サイードをめぐる議論にいたっては、「形而上学的な罪」「アイデンティティとは」「オリエンタリズムとは」という難解な言葉が飛び交い、ダンディの話なのか政治思想の話なのか、ほとんどわけのわからない領域に突入していた。

この時点で、アシスタントの若い女の子（「ダンディって知ってる？」と聞かれて「ダンディ坂野！」と答えたかわいらしい子である）が、困ったようにつぶやいていたのだが、その言葉は、多くの視聴者の気持ちを代弁していたかと思う。

「……なにが、ダンディなの？」

最終的に、「世界最高のダンディー」は、この夜の参加者たちにもっとも知的満足を与えたとおぼしきエドワード・サイードに決定したようだ（この頃、すでに私は議論についていけず、心地よい眠りに落ちていた）。

たしかに、サイードはルックスも渋くかっこよく、仕立ての良い服を着こなすセンスをもち、彼にしか行けない孤高の道を究めて異議申し立てをしている男という点では、ダンディではない、とは言いきれない。

ただし、元祖イングリッシュ・ダンディたちの系譜（と私が感じるもの）の延長に、サイードの存在はありえない。

存在が、重すぎる。シリアスすぎるのである。

元祖ダンディの条件として「役に立たないこと」（有用であれ、という主流の価値観への抵抗として）というのがあるように感じているのだが、サイード様をダンディの系譜に連ねるには、立派すぎる。元祖ダンディたちは、道徳くさい俗世間からの軽蔑を受けるだけの軽さやいかがわしさも漂わせていたかと思うのだが、サイードにはそんな無用性や軽さが足りない。

このNHKの番組が象徴的であったが、どうやら現代の日本においては、次のような男が広義のダンディと考えられているように見受けられる。

●ある程度年取って渋くわびさびの魅力を増した男
●主流からはずれながらも影響力を発揮する二番手の男
●つきぬけた変人
●破天荒な伝説をつくった男
●異端の英雄
●サムライ
●反逆児
●ハードボイルドな男
●革命家
●浪費家
●越境者

●寡黙でありながら強烈な存在感のある男
●右のようなあらゆるロマンティックな要素がごっちゃになった、男が憧れる、男の中の男。

もちろん、そうした要素は決して見当違いというわけではない。それに、定義があいまい、というのはダンディの魅力の源泉のひとつでもある。憧れの対象は、ある程度、輪郭があいまいであったほうが、より多くの夢を投影することができるのだから。

だが、二十一世紀の日本にまでこうして男たちに夢を与え続け、男たちの「語りたい」欲望を刺激してやまないダンディとは、元来、その誕生した時代において、いかなる存在であったのか、ここらでひとつ具体的に知っておくのも悪くないのではないか。

白洲次郎はダンディか？

日本のダンディといえば、どんな人を思い浮かべる？　と知人にかたっぱしから聞いて返ってきた答えのほとんどが、「白洲次郎！」だった。

近年、延々と白洲次郎ブームが続いていることも大きい。今なお、というか、絵になる人材が不足ぎみの現代だからこそか、白洲関係の出版は枚挙にいとまがなく、雑誌は白洲特集を組む。

裕福な家に生まれ（一九〇二年）、若くして英国に学び、戦争が始まる前から食糧不足を見越して自らカントリー・ジェントルマンのような生活を送り、戦後は吉田茂のアドバイザーとして活躍し、プリンシプルを貫いて昭和史の危機を乗り越え、風のように時代を走り抜けて「葬式無用、戒名不要」と遺言を書いて世を去った（一九八五年）。

野心をまったくもたず、率直で、体制におもねることなく、マッカーサーに対してさえダメなことはダメというプリンシプルを通すという痛快なほど悠々とかっこいい生き方。しかも、自分の美しさに気づいていないかのような甘くりりしい風貌が、歳とともに渋みを増していく。身につけるものも英国仕立てのいやみなき一流品で、晩年はイッセイ・ミヤケまで着こなしたほどの、洋服映えする体格の洒落者であった。ダンディでないはずはない。そう言いたい多くのファンの気持ちはわかる。

でも。

私は見てしまいましたのです、次郎様。

一九五〇年代後半の写真かと思うが、リラックスして椅子に腰かけた次郎様の、組まれた長い脚を包むトラウザーズと磨き上げられた靴の間に……脛の地肌を。

足元は長いホウズで覆い、決して脛を人前にさらすなかれ、という常識は英国紳士服装術の基本中の基本である。この初歩的な「脛ぽろり」は、ダンディたる男にはあるまじきミスである。

しかも、元祖ダンディの条件においては、「なんらかのハンディをもちながらなお、それをプラスの価値に転じて世の価値観をひっくりかえすことに成功」というのがあるのだが、白洲次郎においては、瑕疵がみごとになにもない。容貌、社会的地位、教育、富、育ち、配偶者（あの白洲正子様）、あらゆる点において、完璧に恵まれすぎている。

「そんな小さなことで因縁つけて、白洲次郎がダンディでないとは、なにごとか」とお怒りの白洲ファンも多かろう。

しかし、そもそも、「ダンディ」と呼ばれていちばんうれしくないであろう男が、ほかならぬ白洲次郎本人かと思う。ダンディという言葉を「けっ、くだらない」と一蹴する男、それが白洲氏である。

彼ならば知っていたであろう。ダンディという言葉にまつわる、うさんくささ、虚しさ、軽薄さ、ばかばかしさを。

ダンディとは、元祖を生んだ英国においても、実は一〇〇%のほめ言葉ではない。突出しない同調をよしとする世間の価値観にささやかに抵抗すべく、意識的に、偽悪的に、軽佻浮薄な表層で武装することもあるダンディは、見方によっては、愚かしくぶざまに見える存在でもある。

にもかかわらず、虚しく、愚かな抵抗をやめない態度が、おもにホモソーシャルな、すなわち男同士の絆がものをいう世界において、しびれる共感を呼ぶのである（ダンディズムにとって、女性からの理解ないし賞讃は、さほど重要ではないように見える）。

最初から完璧になにもかも揃っていて、ひねりもなくスマートに王道をいく男を、本来の意味でのダンディとは呼ばない。世間からマイナス視されるような価値を、ことさら大声で論じたてることなく、プラスに転じてみせるような皮肉なひねりというか複雑さが、必要かと思う。そもそもマイナス要因があまりない白洲次郎に、そのような屈折は、感じられないのである。

ことわるまでもないが、私もまた熱烈な白洲次郎ファンである。ただ、彼をダンディと呼ぶには、あまりにも彼は服装の細部に無頓着すぎ、彼の資質も行動もストレートにすばらしすぎる、というまでである（白洲次郎がダンディである、という世間の常識にただ抵抗してみたいだけの屁理屈でもある）。

おそらく、多くの英国人がダンディおよびダンディズムに対して感じてきた思いは、無関心でなければラブ&ヘイト、つまり愛憎半ばする感じなのではないか。「たかが服装」を通して社会や他人に対して影響力を行使するなんて、まっとうな紳士のすべきことではない、という軽蔑。

一方、「空気を読む」ことを暗黙のうちに強いられる社会の窮屈さに対し、「たかが服装」を通して痛烈な皮肉を浴びせ、挑発してみせる大胆さに対する賛美と憧れ。

かくいう私のダンディに対する感情も、単純な賞讃に基づいてなどいない。かといって、批判するわけではもちろん、ない。

憐憫と崇拝、閉口と心酔、嘲笑と熱狂、食傷と渇仰……相矛盾する感情を同時に喚起し、ざわざわと心の平穏をかきみだしてやまないオリジナル・ダンディたちの、複雑に屈折した、それゆえにダイヤモンドのような多面体の輝きをもつきわめて人間的な魅力を、できるだけその複雑さのままに愛でてみたい、と思っている。

世界をその複雑さのままにとらえること、というのは、（姜尚中先生によれば）奇しくも「キング・オブ・ダンディ二〇〇八」となったエドワード・サイード様の教えでもあるらしい。

二十一世紀の日本で、ダンディズムについて語る意味

ダンディズムが生まれ、勢いを増していったのは、十九世紀前半のヨーロッパである。貴族社会から近代市民社会へと社会のシステムが移行する、時代の過渡期である。

現代社会も、激動の真っ最中なのかもしれない。少なくとも、現状が十年後に引き継がれるような継続性を持つとは、あまり思えない。

経済格差が広がり、経済価値ばかりが先行して、弱者が部品かなにかのごとく切り捨てられる時代である。「負け組」にならないようにと、「成功」にありつきたい欲望を刺激する自己啓発本に人は群れたがり、「効率」「生産性」を高め、「スキル」と「年収」を上昇させることに人々は熱中する。「売れる」ことがすべての価値に優先するビジネス本にあっては、思想や哲学も「ツール」扱い。なにかが売れれば二匹目三匹目のどじょう狙いが、売れるが勝ちとばかりに便乗する……。

一日で有名人が生まれる一方、、バッシングが始まれば日ごろの鬱憤をはらすかのごとく、完膚なきまでにたたかれる。

普通の人々も、バッシングされないように「空気を読む」ことにぴりぴりと神経をつかい、大勢が向かうところ、とりあえず同調することを無難な選択肢とするので、集団がいっせいに同方

向へ極端にまで走ってしまう……。そんな薄っぺらく騒がしい時代のムードに、時々、どうしようもなくぐったりと閉塞感を覚えることがある。

空気を読み疲れて帰ってきた夜などに、ふと想像するのである。

こんなとき、ブランメルなら、どんな一瞥を投げかけるだろうか。

ディズレイリなら、どんな皮肉な警句を放ってくれるだろうか。

ダンディと呼ばれた男たちは、堂々と、演技的に、「空気読めない」、いや「空気を読んだうえでぶちこわす」男たちだった。徹底して個を貫き、世間を支配する枠組みとはまったく別の枠組みをもちこむことで、その他大勢にすがすがしく優越した。

ここでいう「優越」は今で言う「勝ち組・負け組」みたいな枠組みとは次元が違う種類のものである。経済価値でいえば、むしろ「負け」のほうかもしれない。金持ちになるどころか、虚栄のため借金を負ったりして破滅していく男も多かったのだが、その筋の通った、破滅も辞さない圧倒的な存在の迫力に、周囲が一目置かざるを得なかった。それがこの場合の「優越」するということである。

実際、一個人の圧倒的魅力だけで周囲をひれ伏させ、多大な影響力を行使してしまうダンディズムは、ロマンティックである。

ダンディとは、時代の趨勢に流されず、孤独に抵抗し続け、破滅も辞さぬ、愚かしい男である。世間の価値基準にあわぬハンディを、傲慢でひとりよがりな態度でもってプラスに転じてしまう、ふてぶてしい「空気読まない」男である。

そんな彼らに、拝金主義のはびこる、つるりのっぺりした現代に疲れた人の心をうるおすロマンティシズムをこってりと（ときに過剰に）読み込みたくなる。反時代的な愚かしさに人の魂の切ない崇高さを感じ、自己破壊的なあまのじゃくっぷりに、落日の壮大な輝きを見たくなる。

……って理由をえんえんと考えていたら違和感を覚えてきた。ワイルドなら、カワードなら、こんなとき、なんて言うだろう？　彼らなら、きっとこう言う。

今、ダンディズムを語る理由なんて、なにもない。

華麗な装いと大胆な振る舞いで世間を驚かせ、優雅に価値の革命を起こし、後世に多大な影響力を及ぼしてきた伝説の男たち、浮薄な表層からちらりちらりと人生の深い秘密をのぞかせるようなミステリアスな男たち、彼らを語る楽しさは、タイムレスである。

第Ⅰ部　ダンディズム誕生前夜

ジェントルマン、その源流と残滓

ダンディとジェントルマンとの違い

さて、ダンディズムの話に本格的に入る前に、ＦＡＱ（よくある質問）。

「ダンディって、ジェントルマンとどう違うんですか？」

どちらもイギリスに発する男性理念なので、しばしば混同されるのである。

ダンディズムが生まれたのは十九世紀、その基本にあるのは、あくまで「男の洒落者道」である。精神的態度の問題に発展するとしても、それはどこかで装いと関わる。

それに対し、ジェントルマンシップ（紳士的態度）の起源は中世（あるいはそれ以前）にまでさかのぼる。統治者として、文化的リーダーとして、いや、ときには一人の男としての理想的なあり方にかかわるのがジェントルマンシップ。したがって、ジェントルマン理念のほうは、ファッションばかりではなく、広く政治や教育、戦争やスポーツにも関わってくる。

ジェントルマンシップという大木のひとつの小枝として、ダンディズムがある。と、とらえていただいてもよいかもしれない。ジェントルマンシップはあくまで主流であり、その伝統のなかでふとダンディズムという小枝が芽生えた、というふうに。だから、「小枝」のダンディズムが育ちすぎるとき、本体たるジェントルマンシップを損ねてしまうような事態が生じることもある。

では、そのジェントルマンシップとはいかなるものなのか。

これもまたダンディズム以上に複雑きわまりない問題であり、機会があればじっくりと取り組みたいものであるが、本書においては、その紙幅もない。かといってすっとばすわけにもいかぬ。ダンディズムの歴史の話に入る前にまず、「大木」のなかの「小枝」につながる部分、すなわち、ジェントルマンシップの一部でもある、振る舞いや礼儀作法に関わる歴史的事項を、まずは紹介したいと思う。話は本題から大きく逸れて迂回していくが、じらし、もとい、寄り道により、きわめてイギリス的な土壌から生まれたダンディを理解する快楽が、より深まることを祈りつつ。

【その一】育ち良き紳士の振る舞い、レディファーストの源流

誰が紳士で誰が紳士ではないのか

ジェントルマン、と書かれた男性用トイレのドアを間違って開けると、その奥には広大な土地の上に築かれたレジャーランドが果てしなく続いている……。「イングリッシュ・ジェントルマ

ン学」というものがあるとすれば、はじめてそれらしきものに出会ったときの印象はそんな感じだった。

たんに「女性」と区別し「男性」をさす便宜的用語としても使われるこの言葉は、使われる状況いかんでは、人々の行動を左右してしまう魔術的な力をもつこともある。十九世紀の大半、そして二十世紀の中ごろまで、「ジェントルマン」の理念は、イギリスにおいてはひとつの宗教ですらあった。ジェントルマンとして理想的とされた行動基準が政治や経済の基盤となり、教育制度に影響をおよぼし、男性服のシステムを作りあげた。明治時代の日本がお手本にしたのは、ほかならぬそれらの制度やシステム。そこから平成ニッポンへの道は、ほそぼそとながら地続きである。

かくも強い力をもったそのジェントルマン理念とは？

これがもう、ダンディと同様、あいまいきわまりないのである。いまだかつて、簡潔にして過不足のない定義に出会ったことはない。

「ジェントルマンを定義すること」は古今東西、多くの著述家を悩ませてきた問題でもあったわけだが、たとえば『英国の紳士』（金谷展雄訳、晶文社）を書いたフィリップ・メイソンなんて、こう言ってのける。「紳士の理念がそれほど広く受け入れられた一つの理由は、だれが紳士でだれが紳士でないか、だれにもはっきりわからなかったことにある」

な……なんといいかげんな。

しかし実は、「ひとことで言い尽くせるような単純な存在ではない」ということが、ジェントルマンの最大の強みでもあったのである。時代に応じて、状況に応じて、人々はこの言葉に好き勝手な意味をこめてきた。自分や自分の息子を除外しないような、あらまほしき男性としての意味を。

したがって、「ジェントルマン」という言葉の地層を下から分析していくと、出てくる出てくる、それぞれの時代が夢見た、「究極の理想の男」像のバリエーションが。現代、かすかなノスタルジーをもってイメージされるときの「ジェントルマン」は、たとえるならば、この深い奥行きのある地層のミネラルをすべて吸収して湧き出てきた水の香りがするような男、とでも言おうか。

社会学、歴史学の分野で「ジェントルマン」が論じられるときには、土地や階級をめぐるややこしい問題もからんでくるのであるが（「ジェントルマン」は、土地・階級といった「ハード」の部分と、理念という「ソフト」の部分、その二本立てで成立する）、本書では、理想の男として描かれたジェントルマン理念、そのなかでもとりわけ、ダンディズムと関わる部分に絞って見ていきたい。

現代に生きる「ナイト」

というわけで、ジェントルマンの膨大な地層を、底のほうでがっしりと支える、騎士をめぐる話から始めたい。

唐突な感じもするが、ポール・マッカートニー、エルトン・ジョン、そしてミック・ジャガー、彼らの共通点は？

ミュージシャンであること。そして、エリザベス女王から「ナイト（knight）」の爵位を授与されていること。ナイト爵とは中世の騎士（knight）階級に由来する爵位で、国家に功績があった者に対し、首相の助言により君主が授与する。君主が儀礼用の剣で叙勲者の肩を軽くたたく騎士叙任の儀式がおこなわれるが、この儀式は中世の騎士がおこなっていたのと同じものである。

ちなみに、ナイトに叙任された男性は、ファーストネームまたはフルネームの前に「ミスター」ではなく「サー（Sir）」の敬称がつく。ただし、世襲ではなく一代かぎりの称号なので、ファミリー・ネームにはつけない。つまり、サー・ポールとかサー・ポール・マッカートニーと呼ぶことはできても、サー・マッカートニーとは言わない。その奥さんには「ミセス」ではなく「レディ」の敬称を使う。もちろん、女性も叙任される。その場合は、名前の前に「デイム」がつく。ジェイムズ・ボンドの上司「M」役としてもなじみ深い女優ジュディ・デンチは、デイム・ジュディ・デンチである。

中世の騎士とは実態が違えど、イギリスの叙勲制度のなかに、たとえ形式的であれ「ナイト」は生き続けている。アメリカのポピュラー・カルチュアにおいては、その本来のイメージのかすかな残像が、大幅な変形を加えられつつも、生きながらえている。「バットマン」の別名は「ダーク・ナイト」だし、『スター・ウォーズ』で活躍するのも「ジェダイ・ナイト」。ロボットの時代になってもなお、中世の騎士にまつわるロマンは死に絶えてはいないのである。

騎士道（chivalry）とレディファースト

では、中世において、騎士＝ナイトとは？

騎馬で武装して戦う人。それが本来の意味である。

農民と区別される騎士階級が誕生するのは、十字軍の始まる時代（十二世紀前後）。領主は城主支配権を得、小領主層はそんな大領主の家臣として仕える。これが騎士層を形成した。騎士の称号は、騎士叙任の儀式によって与えられたが、騎士は武具を自費で購《あがな》わねばならなかったので、金持ちに限られた。

そんな騎士たちが醸成した文化こそ、騎士道である。

主君と家臣の主従関係が基本にある戦士の道徳、と考えれば、忠誠と武勇、慈悲や弱者保護が騎士道の徳目にあったことは、うすうす理解できる。そんな徳目は武士道にもある。騎士道が今もイマジネーションを刺激してやまないのは、その中核に、現代ジェントルマンの行動様式にも大きく関わる一風変わった徳目というか儀礼があるためである。

コートリー・ラブ（courtly love）。宮廷愛である。

宮廷愛とは、騎士が誓いを立てて身分の高い一人の女性に身を捧げ、崇拝する、儀礼的な愛の制度である。

たとえば騎士は、武芸大会のひとつ「ジャウスト（joust）」こと馬上槍試合の一騎打ち（故ヒース・レジャー主演の『ロック・ユー！』はこの槍試合をポップに再現）において、愛する貴婦人のスカーフや袖を、「トークン（しるし）」として身につける。騎士は、ひとえに愛する女性の名を高めるために闘うのである。

暴力的な世界に恋愛の光景をもちこむことで、野蛮な闘いも優雅な愛の闘いに見せてしまう目くらまし効果もあったのかもしれないが、どうにも面白いというか不可解なのは、騎士が公然と誓いを立てる相手の女性の立場である。それは他人の妻であり、多くの場合、主君の妻であった。もちろん、主君の妻との不倫が実際におこなわれれば、主君への「忠誠」が美徳であった時代、それは最大の裏切り行為となる。愛の誓いを立てる主君の妻は、あくまでも「絶対に手の届かない貴婦人」、プラトニックに崇拝する対象だったわけである。

この宮廷愛をパロディにしたのが、セルバンテスの『ドン・キホーテ』（一六〇五年）。なりきり騎士ドン・キホーテは、「思い姫」ドルシネアを世界の女王となるにふさわしい姫君として崇拝するのだが、実はドルシネアの正体は、隣の百姓の娘アルドンサだった！

生身の女性を愛するのではなく、幻想の女性をどこまでも美化する宮廷愛。

女の側から見ると身勝手で「ばっかみたい」な愛のシステムであるが、騎士道ワールドにおいては、宮廷愛こそが騎士を「農民と分かつ」洗練された人間にする決め手として重要視されたようだ（ちなみに、意に染まぬ政略結婚を強いられた宮廷の貴婦人たちを喜ばせるために宮廷お抱えの文人が編み出した恋愛技法がこのシステム、との見方もある）。

この儀礼の亡霊が、レディファーストの習慣として今に生きる。

女性は身分・立場・中身に関係なく、形式的に男より弱く、かつ上に立つ。だから、男は女性のためにドアを開けて女性を先に行かせる。女性が部屋に入ってくると立ち上がる。これが自然にできることが「育ちのよいジェントルマン」の印とされる。形式だけの儀礼で無意味だと文句をたれる日本男児はあとをたたないが、まあ、オリジンにある宮廷愛の理不尽さと比べてみれば、いくらかはマシに見えてくるかもしれない。

ジェントルマンであるためには、基本的前提として、紳士的振る舞い、なかでも「レディファースト」の儀礼をいやみなくスマートにこなせなくてはならない。たとえ「女嫌い」であろうとも、表面上は形式的に女性を立てることができる。そんなジェントルマンの所作力は、女性を生身の人間として見るというよりもむしろ、女性を記号として崇拝することで、いつでもどこでも誰に対しても完璧になる。振る舞いのスマートさを真に評価する(「あいつは、なかなかできる」と認める)のは、たぶん、女性よりもむしろ、同胞の男。レディファーストはホモソーシャルな社会においてもっとも美しく機能する。宮廷愛が、主君と家来の強固な絆の上に成り立ったのとまさしく同じように。

【その二】ジェントルマンの美徳に「天然」なし
――アンダーステイトメント、スプレッツァトゥーラ、クール、そしてダンディズム

不動の上唇とアンダーステイトメント

ユアン・マクレガーやコリン・ファレルをおさえて第六代目ジェイムズ・ボンドに選ばれたのは、ダニエル・クレイグだった。

リヴァプール育ちで、コンプリヘンシヴ・スクール（公立の総合中等学校）卒業、かつ庶民的なビールが好きという「非ジェントルマン的」バックグラウンドがとやかく書きたてられたが、少なくともクレイグの表情には、伝統的にイングリッシュ・ジェントルマンがよしとしてきた特徴が健在であるように思う。

不動の上唇（stiff upper lip）である。人の意には従わない、やすやすと心のうちを明かさない、という強い精神的態度の表明とされてきた、イギリス紳士のスティッフ・アッパー・リップ。笑ったときに粒ぞろいの白い歯がまばゆく並ぶのがエリートの条件、と信じてやまないアメリカンな男性との決定的な印象の違いを生むパーツでもある。

白い歯を見せて笑わないからイギリス紳士は堅物なのかといえばもちろんそうではなくて、不動の上唇からはそれによく似合うユーモアが生まれることもある。

そのひとつが、アンダーステイトメント（understatement）である。

ドラマティックなことを極めて控えめにさりげなく表現してみせること。何が起ころうと平静を保ってみせること。そのさりげない表現じたいが強烈なアイロニーとなって、えもいわれぬおかしさがたちのぼる。反対語はハイパーボル（hyperbole）、誇張である。

この「アンダーステイトメント」は、イギリスが誇る巨匠ヒッチコック（彼自身も不動の上唇の持ち主だった）が映画の技法として駆使したことでも知られる。大事件が起ころうと激情に駆られようと、死体が転がっていようと絶世の美女に迫られようと、あたかも日常であるかのような調子で、騒ぎ立てることなく、興奮しすぎることなく、さりげなく。

どうしようもなくイギリス紳士的な特質とも呼べるこのアンダーステイトメントは、いったいどこから生まれたのか？

その源流らしきものをたどっていくと、ルネサンスの時代に広く読まれた一冊の本に行き当たる。

「若者がイギリスでこれを学べば、イタリアに三年旅行するよりも良い結果を生む」と太鼓判を押された紳士教育のバイブル。ヨーロッパ諸国において百四十種以上の翻訳で読まれつつも、とりわけ波長が合ったイギリスにおいて、その後三百年以上にわたってエリートの行動に深い影響を与えたスーパーロングセラー。

バルダッサーレ・カスティリオーネの『宮廷人 *Il Cortegiano*』（一五二八年）である。

スプレッツァトゥーラ

「宮廷人」は「廷臣」とも呼ばれる。宮廷に仕える人、である。

ルネサンス時代、廷臣というのは「野心ある紳士」のことでもあった。軍人や外交官、行政官は宮廷に仕えねばならなかったし、音楽家や肖像画家などの芸術家も、宮廷に出入りすることで「認められた」し、商人も宮廷に出入りすることでさまざまな特権を得ていた。十七世紀頃までの歴史に何らかの名を残している人は、多かれ少なかれ、ほとんどすべてが宮廷に出入りしていたとされる。

カスティリオーネの『宮廷人』は、まずなによりも、宮廷に出入りするそんなさまざまな「廷臣」のための、礼儀作法の手引書として読まれたらしいが、そこで討論される廷臣論からあらまほしき廷臣像を抽出するとすれば、こんな男ができるのだ。

●尊い生まれであったほうがよい。
●敵には厳しく、他の人すべてには親切。
●控えめででしゃばらず、見栄を張らず、傲慢な自慢をしない。
●体格に優れ筋骨たくましく、率直であるとともに、用心深く毅然としている。
●あらゆる武器を使いこなし、舞踏、狩猟、水泳、テニス、棒高跳びを立派にやってのけられる。

●冗談をとばし、優しく友人をからかい、いつも上機嫌で、感情に押し流されない。
●話術と文章においても、内容を熟知し、気取らず明確に自分の考えを述べられる。
●精神に真の光彩を与える文学の知識がある。音楽家である。絵を描き彩色ができる。

……この条件がすべてクリアできればスーパーマンであろう。まあ、スーパーマンにほど遠い廷臣ばかりだったからこその「あくまでも理想論」だったのかもしれない。

むしろ、門外漢のわたしが読んで面白かったのは、ひとつひとつの「理想の資質」について多方面から飛んでくる、反論やツッコミである。

たとえば、廷臣に備わるべき「気品」を生む要素として最重要視される「さりげなさ（スプレッツァトゥーラ sprezzatura)」についての議論。

「できるかぎりわざとらしさを避けることです。そして新語を用いて申せば、すべてにある種のさりげなさを見せることとです。すなわち、技巧が表にあらわれないようにして、なんの苦もなく、あたかも考えもせず言動がなされたように見せることです。……ですから気品とは、技《わざ》とは見えぬ真の技であると申せましょう。またそれをひた隠しにすることのみに努めるべきなのです」

と、ある廷臣が言ったかと思うと、別の廷臣がこう切り返す。

「あなたがロベルト卿のさりげなさと称するところのものは、それこそまぎれもないわざとらしさであることに気が付かれませんか。というのはかれが懸命になってこだわらないように努力しているのが、ありありとわかるからであり、これではこだわりすぎになってしまいます」（清水純一・岩倉具忠・天野恵・訳注『カスティリオーネ 宮廷人』東海大学出版会）

……さりげなさは廷臣の技として獲得すべきではあるが、それが技として完成されるとそれはそれでわざとらしい、と。

この議論じたいがぜんぜんさりげなくないんですけど。

紳士の美徳に「天然」なし

かようなくどい議論がまた、この書に「修辞学の手引書」としての地位も与えているのではあった。

ともあれ、ここで問題にしたいのは、スプレッツァトゥーラ、さりげなさである。

イギリス紳士のアンダーステイトメントの遠い祖先、それがほかならぬこのスプレッツァトゥーラ、すなわち「実はちっともさりげなくない、さりげなさの〈技〉」に見えてこないか。「たかが映画じゃないか」と平然と言い放つヒッチコックの映画がたいへんな技巧に支えられているように、スプレッツァトゥーラを支えるのも、努力などしておりませんという顔をするための、この上なく厳しい修練。裏を見ることに長《た》けた現代人が「ロベルト卿のさりげなさ」を眼前にすれば、そこにかすかなユーモアを感じとらずにはいられないであろうし。

ちなみに、欧米で最高のホメ言葉になっている「クール」を包括的に解説した名著、『クール・ルールズ』（鈴木晶訳、研究社）の著者ディック・パウンテンとデイヴィッド・ロビンズは、カスティリオーネが重視したこのスプレッツァトゥーラに、なんと現代の「クール」の源流を見る。

「クール」とは、主流の価値観にさめた距離をおくことで優越を見せつける、尊大な態度である。ことばの意味じたいに「軽蔑」を含む「スプレッツァトゥーラ」もまた、大衆にはできないことがこんなにやすやすとできますよということを見せつける、エリートの尊大な態度であったともいえる。

パウンテンらは、そんなスプレッツァトゥーラが、イギリス貴族の血脈に流れこみ、ひいてはイギリス式「クール」が十九世紀のダンディズムにも影響を与えているかもしれない……と示唆するのである。

スプレッツァトゥーラという源から流れ、枝分かれしたり合流したりしつつ今日に至るクール、ダンディズム、そしてアンダーステイトメント。その絶妙なつながりにめまいを覚えるが、いずれの態度も一筋縄ではいかない強い精神力と演技力を求められることはまちがいない。

どうやらジェントルマンの美徳の歴史に「天然」の文字はない。

貴族と騎士の華、サー・フィリップ・シドニー

「あくまでも理想像」のはずだったスーパーマンが、実はひとり存在した。ヨーロッパ中に「完全なる廷臣」としてその名をとどろかせた、「貴族と騎士の華」ことサー・フィリップ・シドニ

ー（Sir Philip Sidney 一五五四―八六）である。

『宮廷人』からおよそ六十年後、カスティリオーネから多大な影響を受けたイギリスの詩人エドマンド・スペンサー（Edmund Spenser 一五五二頃―九九）が、『神仙女王 *The Faerie Queene*』を書く。作品の目的は「美徳と礼儀を導く訓練を通じて、紳士または高貴な人をしたてあげること」。この第六巻「サー・キャリドアあるいは礼儀の物語」に描かれているサー・キャリドアこそ、ほかならぬサー・フィリップ・シドニーである。

名誉のために行動し、人の悪口を言わず、陰謀を企てることもなければ、おもねることもない。馬術、武術の稽古、学問、音楽を日課とし、恋を知る軍人であり、詩人にして音楽家、学者、そして廷臣の鑑。

うるわしきシドニー伝説の極め付きが、次のエピソードである。

一五八六年、オランダのズートフェンでのスペイン連隊との対戦。敵側の指揮官がすね当てをつけていないのを見て、自分のすね当てを取り外してしまったために、シドニーは致命傷を負う。瀕死のシドニーは、こんな振る舞いをする。

「多量の出血で喉が渇き、卿は飲み水を求めた。水は直ぐさま卿に届けられ、水筒を口にあてがおうとしたその時、みすぼらしい兵卒が運ばれてくるのが目に入った。同じ宴席で最後の食事を共にしたその兵士の目は、恨めしげに卿の水筒を見上げているではないか。それに気づいたシドニー卿は、自分が飲む前にその水筒を哀れな兵卒に手渡して言った。『そなたの必要が私のそれよりずっと大きい』と」（A・C・ハミルトン著、大塚定徳・村里好俊訳『サー・フィリップ・シドニ

ー』大阪教育図書）

三十年とちょっとの生涯であった。はじめて国葬されたイギリス人でもあるシドニーはのちに、この飲み水のエピソードによって、「廷臣の鑑」から「紳士の鑑」となった。

タバコも強壮リキュールも
サー・ウォルター・ローリーから

シドニーが仕えた宮廷は、エリザベス一世（一五三三―一六〇三　在位一五五八―一六〇三）の宮廷である。

「ヴァージン・クイーン」ことエリザベス一世の宮廷は、中世の宮廷愛の伝統を復活させるには最高の舞台でもあった。なんといってもエリザベスは「手の届かぬ高貴な貴婦人」にして「君主」である。君主に対する忠誠心と貴婦人に対する賞讃がないまぜになって、宮廷愛の言葉が派手にとびかう。その代表格が、スペンサーがエリザベスを「神仙国の女王グロリアーナ」にたとえた『神仙女王』であったかもしれない。

そんな宮廷で、廷臣たちは女王への献身を競いあうが、実は「廷臣の鑑」シドニーはエリザベス一世からは必ずしも優遇されていない。女王の結婚問題に関して「身の程をわきまえず」諫言したために、いちど宮廷からの蟄居を申し渡されているのである。おもねることなく意見したシドニーはまちがってはいないのだが、専制君主の「ごきげん」を損ねたら、たとえ正義を貫こうとも身の破滅を招く……というのは現代でもおなじみの状況。

では、エリザベスの寵愛を受けたのは？

レスター伯ロバート・ダドリー、エセックス伯ロバート・デヴルーなどの顔ぶれを見るかぎり、どちらかといえばスプレッツァトゥーラとは無縁そうな、血の気も敵も多い野心家が多かったように見受けられる。なかでも圧倒的に興味深い男が、サー・ウォルター・ローリー（Sir Walter Raleigh 一五五二？—一六一八）である。

軍人から身を起こし、三十歳間近でエリザベス女王の廷臣となり、堂々たる美貌と才気あふれる学識、傲慢なほどの覇気とそれを裏切らない行動力で、女王のお気に入りとなる（映画『エリザベス ゴールデン・エイジ』では、ランコムのメンズ香水「イプノーズ・オム」のアイコンにもなった骨太セクシーなクライヴ・オーウェンがローリー役としてはまっていた）。

女王が馬車から降りようとすると水溜りがあったので、自分のマントをさっと広げて女王の靴を汚さなかった、というエピソードはローリー伝説として今に語り継がれ、映画『恋におちたシェイクスピア』でもパロディとして使われるほど。

冒険家としても名を馳せ、北アメリカに植民地建設を志し、女王にちなみその地を「ヴァージニア」と命名する。ノース・カロライナ州の都市の名、ローリーはもちろん彼に由来する。

この植民地開拓は最初、失敗に終わるのだが、転んでもただでは起きぬローリーはこのとき、インディアンの習慣であったタバコをイギリスにもちこむ。以後、宮廷ではタバコをくゆらすのがジェントルマンのおしゃれな嗜みとなる。

エリザベス一世没後、ジェイムズ一世が即位すると、政敵にはめられ、ローリーはロンドン塔に投獄される。幽閉中の十三年の間にも獄中で『世界史』を書き上げ、庭でさまざまなハーブを育てては特別なリキュールを造ったりした。ローリーの死後、失われたと思われていた「ザ・グレイト・コーディアル」なるそのリキュールのオリジナルレシピは、ヘイマン蒸留所に発見され、「サー・ウォルツ・オリジナル・ロンドンリキュール」となって今も世界のバーで愛されている。

さりげなくクールに平然とつづられるイングリッシュ・ジェントルマンの歴史を読むときに強壮剤《コーディアル》となってくれるのは、破綻のない理想的廷臣よりもむしろ、ローリーのような破天荒なはみ出し者だったりするのである。

【その三】紳士必修の礼儀作法と処世術——その本質と落とし穴

根も葉もついた話より
アップルパイの正しい食べ方

ノーベル賞受賞者を多数輩出するアメリカの工科系大学の名門に、MITことマサチューセッツ工科大学（Massachusetts Institute of Technology）がある。

学生は秀才ぞろいであるが、文学部の教授トラヴィス・メリット（二〇〇五年九月に七十一歳で逝去）は、一九九三年のある日、ふと不安をおぼえた。「ここMITの学生はちょっとヘンなのじゃないか？　ソーシャル・グレイセズ（社交上の礼儀作法）をあまりにも知らなすぎる……」

かくしてＭＩＴはカリキュラムのなかに「チャーム・スクール（魅力を磨く講座）」を組み込むことになった。

アップルパイの正しい食べ方、フラーティング（シリアスな情事に至らない恋の戯れごっこ）の技法、「模範的移動様式（Exemplary Locomotion）」こと美しい身のこなし、ダンス、エチケット、スマートなジョーク、他人にとって耳の痛いことを伝える表現方法……。

ユーモアにあふれた数々の礼儀作法レッスンは好評で、現在なお学内外に話題をふりまきながら続けられている。

このニュースを聞いたときに思い出したのが、十八世紀イギリスの文人が残した次のような記録である。

「今日はひどい目にあった。学識豊かで実に立派な紳士が私をたずねてきてくれて、一緒に夕べのひと時を過ごしたのだが、なんとこの人物は、礼儀も知らなければ、ものの言い方ひとつ知らない、いわゆる〈学者バカ〉だったのだ。俗に世間話のことを〈根も葉もないくだらない話〉と言ったりするが、この人の話は、なんと根も葉もついた話ばかりだった。これにはうんざりした。私はつくづく思った。いくら学識豊かな立派な人物でも、こんな人と話をしなければならないくらいなら、少しは世間のことを知っている、無教養なおしゃべり女と話したほうがどれだけましかと」

言い切るのはうしろめたいが、ああしかし、これは一つの真実でもあるのかもしれない。

礼儀知らずの学者バカは、世間知だけはある無教養バカより、愛されない。

すばらしいナカミ（substance）をもった大木のエリートであればあるほど、その根にも葉にも関心をもってもらおうと思えば、表層的な礼儀作法や五感に訴える魅力が磨かれているにこしたことはない。ヨーロッパではいわゆる社交界がこれを訓練する場を提供してきたのだが、そんな世界に縁遠いまま育った現代アメリカのエリートは、大学のカリキュラムのなかで訓練を受ける。なにか違う気がしないでもないが……。

ともあれ、ナカミの有無にかかわらず、万国に通用する紳士たらんとする男に不可欠な素養の第一に挙げられるのが、「礼儀」であることにはまちがいない。

それにしても、人はなぜ礼儀を重んじるのか。礼儀の本質はなんなのか。

この基準を明確にし、実践しようという意識的な試みが、かつておこなわれたことがある。話は十七世紀フランスにとぶ。

誰もが苦痛をできるだけ感じないための礼儀、そして確率論

AとB、二人の男の間で、同じ金額を出し合ってギャンブルをする。先に三勝したほうが勝ち。Aが二勝、Bが一勝というところで、警察が踏み込んできた。このとき、賭け金はどう配分すれば双方から文句が出ないだろうか？

友人からこんな質問の手紙を受け取ったのは、科学者パスカル（Blaise Pascal 一六二三―六二）。

この問題についてパスカルは、数学者フェルマー（Pierre de Fermat 一六〇一―六五）と書簡で議論を交わし、最終的に次のように考えた。四回戦目があるとしてAが勝つ場合、五回戦に持ち込まれたときにA、Bそれぞれが勝つ場合を想定してみる。つまり、「期待値」という概念をここにもちこみ、A、Bの受け取り額を三対一にするのがよかろう、と結論を出したのである。

ここに、「確率論」が誕生する。

質問の手紙を出した男の名は、シュヴァリエ・ド・メレ（Antoine Gombaud Chevalier de Méré 一六〇七？―八四）。

十七世紀のカスティリオーネとも讃えられた文人で、軍功を上げたばかりか、舞踏、音楽、馬術、話術と文章術においても完璧、しかも優雅な趣味の裁定役としても名高かった。十七世紀フランス版ジェントルマンこと「オネットム（honnête homme）」の理想を定義し、かつ体現した男である。

当時のサロンの不文律であった「オネッテ（honnêteté）」とは、現代フランス語の意味にあるような「正直さ」のことではない。ほかならぬ「礼儀」を意味する。礼儀とはすなわち、社交の場での振る舞い方であり、洗練された趣味のことであった。十七世紀フランスの貴族は、このオネッテの文化を育み、「礼を心得た人々（オネット・ジャン）」にふさわしい、振る舞いの基準を形成していったのである。

では、いったいなぜこの時期のフランスで礼儀文化が醸成されたのか？

どうやら、内乱や謀反（『三銃士』の活躍背景となる「フロンドの乱」もその一つ）を経験した当時の貴族の多くが、心身に深い傷を受けていたことと無関係ではなさそうだ。英雄的な行動などうんざり。傷つけあうことなく平和に楽しくやりましょうよ。栄光を求めるヒーローとしてではなく、礼を心得た人々と交わりを楽しむオネットムとして生きたほうがどれほど幸せか。ド・メレが説いたのは、おのれを主張しない社交のなかに賢明な快楽を見出す、一種の快楽主義だったのである。

そんな快楽としての礼儀の本質は、ド・メレによれば、他人に対する思いやりにある。ド・メレの友人のひとりは、解説する。「できるだけ苦痛を感じないで幸せでいるためには、他人もまた幸せであることが必要である。礼儀とは、実は秩序ある自己愛にすぎない」

他人も自分もできるだけ苦痛を感じないですむ工夫。それは、だれもができるだけ不公平感を感じないですむギャンブルの賭け金の分配の工夫と発想が似ていないか？　確率論と礼儀文化は、同じ心理的土壌から生まれたと見える。

賢さを貫く愚より愚かさをわきまえる賢明

「礼儀とは、秩序ある自己愛」と心の痛痒いところを刺してくる鋭い警句の快感は、ラ・ロシュフコー（François, duc de La Rochefoucauld 一六一三—八〇）の『箴言集』（一六六五年）をお読みになったことのある方なら覚えがあるかもしれない。

「自己愛は、この世でもっともずるい奴より、もっとずるい」「他人の虚栄が我慢ならないのは、それが、われわれの虚栄を傷つけるからだ」（吉川浩訳『運と気まぐれに支配される人たち ラ・ロシュフコー箴言集』角川文庫）などの鮮やかすぎるマクシム（箴言）で有名なラ・ロシュフコーもまた、「孤立よりも平穏な交流」をよしとするオネットム時代の貴族である。リシュリューの陰謀に加わって投獄され、フロンドの乱に加担して傷ついたのち、サロンでの社交と会話を楽しむことに快楽を見出していった。

サロンで頻繁に話題にのぼるのが、人の心の不可解さ。それに答えるべく生まれた文芸ジャンルこそ、ほかならぬこのマクシムだった。万人に共通する規則の、格言風表現のことである。

オネットムはまた、モリエール（Molière, 本名 Jean-Baptiste Poquelin 一六二二—七三）の数々の喜劇のなかにも処世訓を背負って登場する。

『亭主学校』のアリストは、「愚か者たちの一員でいた方がよい、全員に対して一人賢い側にいるよりも」との心構えを表明し、『人間嫌い』のフィラントは「完璧な理性はあらゆる極端を避け、過度の知恵は、非難されるべき」と黄金の中庸を説く。

ラ・ロシュフコーやモリエールが残したそんな警句や箴言の数々からたちのぼってくるのは、自分の賢さを貫いて孤立するより、愚かさをわきまえて突出しないほうがはるかに賢明、というあきらめと不安まじりの保身欲。

礼儀文化の優雅な表層を支えるのは、人間心理の真実をつきとめ、その刃から身を守り抜こうとする、血のにじむ経験が生んだ冷徹な実用的知恵だったのかもしれない。

十八世紀版モテ・マニュアル
チェスターフィールディズム

よい趣味と黄金の中庸に生き、礼を心得た人々との交流に幸福を見出す。そんなオネットム文化の洗礼を受け、その小さからぬ影響を英国紳士界にもたらした男がいる。

チェスターフィールド四世伯（Philip Dormer Stanhope, 4th Earl of Chesterfield 一六九四―一七七三）である。

先に引用した「十八世紀イギリスの文人」とは、実はこの人。政治家でもあった卿は、何よりも、息子を完璧なジェントルマンに仕立て上げようとした壮大な試みによって名を残す。その試みの結晶こそ、今なお読み継がれる『息子への手紙』（一七七四年）である。

ただし、愛情あふれる手紙を受け取った「息子」の母は、卿の正式な夫人ではない。「息子」フィリップ・スタンホープは、パリ滞在ののちオランダ大使として駐在したハーグで知り合った、貴族の身分も資産もない女性との間に生まれた、いわば庶子である。卿は政界で存分に活躍（カレンダーをユリウス暦から現行のグレゴリオ暦に改正する法案を出したのも功績のひとつ）して引退後、息子を国会議員かつ外交官にするための、そして何よりも「オネットム」（フランス帰りの卿にとっては「ジェントルマン」と同意語）に仕立て上げる教育に全力を注いだ。

実社会で成功する秘訣を、卿はずばり「人望を得ること」「人心をつかむこと」と考える。

そのためのハウツーというか戦略まで、具体的に教える。

「人の好き嫌いを観察し、あなたがお好きなワインを用意しておきました、というようなさりげない気配りをせよ。ささいなことであればあるだけ、特別の気配りを感じ、相手は感激する」

「相手の優れている部分ではなく、ほめられたがっているところを観察し、そこを突いてほめよ。たとえば美人に対しては知性をほめよ。さらに、陰でほめれば効果は倍増。その場合、ほめたことを確実に伝えてくれる人を選べ」

……などなど、「チェスターフィールディズム」という言葉まで生んだ、きめこまかな実践的処世術・人心掌握戦略がちりばめられる。

これに対し、同時代のインテリのなかには露骨に批判する人もいて、たとえば、はじめて権威ある英語の辞書を作ったサミュエル・ジョンソン（Samuel Johnson 一七〇九—八四）などは、「卿が教えるのは、売春婦の道徳とダンス教師の行儀作法である」と手厳しい。もっともドクター・ジョンソンの場合、無名時代にチェスターフィールド卿の後援を求めて訪ねたが無視同然の扱いを受けた、という恨みもひきずっていたようだが。

不特定多数の人から好意や善意を注いでもらうためにせっせと礼儀作法や社交術を磨くことが、はたしてジェントルマンにふさわしいことなのかどうか、たしかにひっかかりは残る。むしろ私は、これを一種のモテ・マニュアルとして興味深く読んだ。

モテ服と同様、モテ・マニュアルの多くは、世間の水準をかなり低く見た一般論であることが少なくない。チェスターフィールド卿も世間をこんなふうに見ている。

「知識も人格もはるかに劣った世智に長けた人たちが、優れているが世情に疎い人たちを、相手に気づかれないように上手に操るのが世の中」

そんな世界観のなかでの一般論は、必ずしも「たったひとり」の相手には有効ではない。モテ服で武装し、モテ・マニュアルを実践して九十九人にちやほやしてもらったが、たったひとりのいちばん大切な人にはついぞ振り向いてもらえなかった……という嘆きを聞くのは一度や二度ではないが、チェスターフィールド卿の場合も例外ではない。広い読者層の支持を得た貴重な助言の数々は、肝心の息子には功を奏さなかったのである。

教育期間を終えて、フィリップが就いた仕事といえば、卿が「失敗例」として挙げていたまさにその職、ラティスボナ駐在事務官だった。期待にこたえられなかった哀れなフィリップは、三十八歳で没する。そのときはじめて、卿は、息子が九年前に結婚していたこと、自分には男の孫が二人生まれていたことを知るのである。

「一般論をもちだしてくる人物には、うぬぼれの強い小ざかしい人間が多い」と息子に忠告していた卿。その卿自身が、誇らしげに一般論をぶっていたのであった。「たったひとり」の心に触れる方法は、礼儀もマニュアルも通用しない、自分も相手も傷ついて血を流すことを覚悟しなければならない正直さのなかにしかないのかもしれない、たぶん。そういえば奇しくも「オネッテ」の現代の意味は正直さ、なのであった。

ふたりの孫のうちのひとりが、A・F・スタンホープ、六代目チェスターフィールド伯である。十九世紀中ごろにファッションリーダーとして名を残すのが、まさにこの六代目。正装用コートのチェスターフィールド・コートやエレガントなインテリアに不可欠なチェスターフィールド・チェアなど、父フィリップからあまりうるさいことを言われなかったらしい六代目の洗練の遺産は、二十一世紀の今なお、皮肉なほどに健在である。
（チェスターフィールドの言葉は、『わが息子よ、君はどう生きるか』（竹内均訳、三笠書房）より引用したが、紙幅の都合上、適宜長さを圧縮するなどの編集を加えたことをお許しいただきたい）

話が飛んだが、つまり、ジェントルマンの泰然自若とした礼儀正しさの底流にあるもの、それは恐ろしい人間の心の刃から自分を守るための冷徹な自己愛であり、他人も自分もできるだけ苦痛を感じなくてすむための、一種の快楽主義なのではないか、と思うのである。

第Ⅱ部　ダンディズム列伝——その栄枯盛衰

ふたたびの問い、ダンディズムとは何か

さて、現代のジェントルマンにも受け継がれる所作力の基礎を作った歴史の話はこのくらいにして、そろそろメインコースに入る。

そもそもジェントルマンとは、不労所得のある地主・貴族層である。ここに聖職者や法律家、高級官僚など高度な専門職従事者（多くは領地を相続できない次男や三男が生活のために選ぶ職業）が加わり、イギリスの支配層を形成し、保守主流の文化を担ってきた。

地主であるだけでジェントルマンかといえばそうでもなくて、支配階級たる人間にふさわしい教養やら人品やらといった「ソフトウエア」も重視された。これを養うための教育機関、すなわち「イートン」を筆頭とするパブリック・スクール、オックスブリッジ（オックスフォード大学とケンブリッジ大学）は、ジェントルマン養成機関として今なおその権威を香らせる。

このジェントルマンの支配体制は、ジェントルマンと非ジェントルマンの境界がどこかあいま

いである、という特徴をもつ。部外者には「なにがジェントルマンで、なにが非ジェントルマンなの？　シロかクロかはっきりしてよ」と歯がゆい思いをすることもあるが、あいまいであるからこそ、時代に応じて「ジェントルマンにふさわしい」条件を変えることで、ジェントルマンの支配体制を温存することができたのである。時代の激動期、階級の上昇可能性などほとんど考えられなかったフランスの旧体制《アンシャン・レジーム》では、流血革命が起きざるをえなかったが、環境適応力にすぐれたジェントルマン制度という伸縮自在な階級制をもつイギリスでは、制度の中の人間を若干増やすことで、流血革命を避けることができた……とも言えるわけである。

フランス革命直後の十九世紀初頭、イギリスでダンディズムが勃興したのは、そんなジェントルマンのしくみとも無関係ではない。

銀行家や貿易商など、中流階級の中から富裕層が出始める時代である。経済的な成功をおさめた彼らは当然、社会的な地位も求めるようになり、土地を買い、子弟をジェントルマン養成機関に入れ、社交界に出入りし、ジェントルマンとして支配階級に仲間入りをしようとするのである。それを嫌う旧保守層は、ジェントルマンにふさわしい振る舞いといった、金の力だけでは獲得が難しいあいまいな分野で新興層の排除をはかる。

つまり、ジェントルマンの定義が大きく変わらざるをえなかった時代において、なにがジェントルマン的でなにがそうでないのか、その基準を定めるカギとしてダンディズムが生まれ、育った、とも位置づけることが可能かと思う。

ジェントルマンの定義が時代とともに揺れ動くものであればこそ、ダンディズムも生き物のように変わり続ける。

誕生し、時代の追い風をうけて成長し、さまざまな敵と闘いながらタフになり、最盛期を迎え、やがて衰退へと向かう。そして後に時折り、その霊が復活する。

そんな生命体のような栄枯盛衰の歴史をもつダンディズムであるから、抽象的にひと言で書き表そうとしても、その試みは不可能に近い。

たしかにフランスのボードレールは、しびれるような抽象表現でダンディズムの普遍的定義を試みた。「頽廃の諸時代における英雄性の最後の輝き」「一個の落日」など（阿部良雄訳『ボードレール批評2』ちくま学芸文庫）。これは成功し、いまも世界のどこかのメディアや酒場で引用されているだろう。が、それはあくまでブリリアントカットを施されたダイヤモンドの一側面のような、ダンディズムのごく一部であるにすぎない。

ダンディズムは、相対的なものである。

周囲の世界と対峙する、一個人の精神のあり方およびその表れとしての服装、態度にかかわる問題である。あくまで一個人のオリジナリティが出発点にしてかつ到達点になるので、「この着こなしや振る舞い方をまねすれば、あなたもダンディ」みたいな具体的マニュアルなど、当然、ありえない（この手のマニュアルを鵜呑みにして実践している男性は、滑稽に見えることが少なくない）。

時代が変われば、周囲の世界が変われば、態度もまた異なる表現をとるのである。十九世紀初頭のジョージ・ブライアン・ブランメルの抑制と、十九世紀末のオスカー・ワイルドの華美や誇張が、同じダンディズムの表現としてくくられるのはそのためである。

服装術や態度という、モラリストから軽侮されつづけた外見の力を最大限に行使して人々の感情や欲望を支配し、武力や権力では成し遂げられなかった革命を成し遂げてきた男たちであることには変わりないのだが。

ダンディズムは、あくまで、社会と対峙する「個」のなかに成立する。

各時代を象徴するダンディとして伝説となった男たちの具体的な姿を通して、ダンディズムのはかなくもダイナミックな歴史を感じとっていただければ幸いである。

No.1　ダンディズムの祖にして絶対神、ボー・ブランメル

ブランメルという一個人とダンディズムの誕生

ダンディズムが誕生するのは、十九世紀初頭のイングランドである。ジョージ・ブライアン・ブランメル（George Bryan Brummell 一七七八―一八四〇）の登場をもってそのように言うのだが、貴族の子弟の教育機関であるパブリック・スクールのイートン校時代からすでに「バック（伊達者）・ブランメル」の異名で呼ばれてはいても、じつは同時代のイングランドで彼はダンディとは呼ばれていない。ブランメルの直接の伝記作家であるキャプテン・ウィリアム・ジェスですら彼をそう呼ぶことを拒否しているのである。ジェスによれば、同時代のイングランドで「ダンディ」と呼ばれた男たちのイメージには卑俗さがつきまとうので、彼らとブランメルを同類視すべきではないとのこと。

では誰が彼を歴史に残る「元祖ダンディ」として有名にしたのかといえば、フランス文学者たちである。ジェスの伝記にインスピレーションをうけたバルベイ＝ドールヴィイ、ボードレール、

スタンダール……その他大勢の十九世紀のフランス文学者たちが、華麗なる言説のかぎりをつくし、この異国のボー（美男子）に男の理想像のひとつとしての価値を与え、彼を「ダンディズム」の理想的体現者として神格化してしまった。

そんな、異国の産物だからこそ絶対神になりえるのかもしれないブランメルをめぐるエピソードは、繰り返し何度も語り継がれ、語り継がれることでさらなる神話化がすすみ、二十一世紀においてもなおテレビドラマ化されている（二〇〇六年のBBCによるドラマ「ボー・ブランメル、この魅力的な男 *Beau Brummell: This Charming Man*」）。かくいう私も拙著『スーツの神話』（文春新書）において、まるまる一章をブランメルにあてているので、詳しくはそちらも参照いただければ幸いだが（史実や「伝説」の記述において、本書と若干、重複する部分もあることをご寛恕いただきたい）、それにしても、あらためて思う。

ブランメルのどこがそんなに人を熱狂させるのか？

ブランメルとは何者？

現代紳士服の基礎をつくった男、としてファッション史では不動の位置を占めるブランメル。とはいえ、彼は仕立て屋でもデザイナーでもない。高位の貴族でもない。文学者でもなく思想家でも軍人でもない。「エレガンスの時代」という別称をもつリージェンシー（ジョージ四世の摂政皇太子時代）において奇行すれすれの洒落者生活で話題のタネをまき続けた男、元祖セレブリティであったとは言える。

セレブといっても、贅沢三昧できるほど潤沢に資金があるわけではなかった。身分は郷士（エスクワイア。ジェントルマン階級の上層に属するが、ナイトよりも下の身分）。豪奢なライフスタイルで注目を集めるような、名門の子弟や新興リッチの子息ならばほかにいくらでもいた。

だが、ブランメルは彼らよりもはるかに乏しい資金力で、彼らと対等につきあうどころか、彼らに自分の模倣をさせ、ブランメル不在の夜会は失敗と感じさせ、仕立て屋に「国王御用達」の看板よりも「ブランメル御用達」の看板を選ばせたほどの影響力をふるい、「ブランメルの言葉は神託、服装は客間の法則」とまで崇められて「趣味の裁定者」として君臨した。

いったいどうやって？

完璧にコントロールされた服装術と、とことん人工的な態度によって、である。

ブランメル流服装術

現在の男性のスーツの趣味を確定した服装術、とも位置づけられているため、よく勘違いされるのだが、ブランメルの装いは決して「シンプル」だったり「シブ」かったりしたわけではない。

ブランメルの全身像を、ぱっと見れば、「華麗！」という印象を受ける。身体のラインがはっきりと出るボディコンだし、帽子や手袋、腰回りのアクセサリーなどのファーニシング（装飾品）は多いし、胸元のネッククロスは「トマトソースのパスタは食べられないだろう」と懸念さ

ボー・ブランメル全身像。リチャード・ダイトン描く1805年のブランメル。
社交界を絶対的に支配しはじめた頃の艶姿。

せるほどたっぷり布が盛られているし、どこをどうやったらあの「背広」と結びつくのか、不思議に思われても無理はない。

ブランメルが意図的にエネルギーを注いだのは、次の点である。

●富を誇示するかのような装飾を極力排除し、代わりに、最高品質の素材を用いて、身体のラインに完璧にフィットするよう、仕立てさせること（カット&フィット）。

●清潔さを徹底する。シャツの白さを際立たせるために、洗濯はカントリーにておこなう（ロンドンの水は汚くて白モノの洗濯には不適?:）。ブーツは靴底までシャンパーニュで磨き上げる。

●ネッククロスの結び方には完璧を期す。軽く糊づけをしてハリを出し、結び損ねた「失敗作」が山積みになるのも辞さない。

●それだけの努力の成果であっても、人から振りかえられるようでは、「失敗」とみなす。多大な努力をもってつくりこまれるのは、あくまでも、さりげなさでなくてはならない。

「カット&フィット」に対する意識を高めたことでテイラリング技術の発達に貢献したのは事実であろうし、現在、スーツの着こなしにおいて重要視されるポイント、「ジャストサイジング」や「清潔さ」「磨かれた靴」、および「ネクタイの結び方」はたしかに、ここに起源を見出すことができる。

「人から振りかえられないようなさりげなさ」はなるほど、現在の男性服のテイストにおいても強調されており、その点においてもブランメルは、スーツの「祖」であることは間違いない。

しかし、ブランメル流服装術におけるさりげなさは、「無難」の対極にある。相当の複雑さを内包する、高度なさりげなさである。難度の高いこのさりげなさが、彼の比類ない態度と結びついたとき、最強の攻撃の武器として機能したのである。

無関心をもって敵の価値を無にする離れ業

一七九四年、ブランメルは第十騎兵連隊の騎兵に任命され、プリンス・リージェント（摂政皇太子時代のジョージ四世）に気に入られてロンドン社交界に出入りし始める。イングランドは貴族社会から市民社会への過渡期、フランスでは流血の革命が起こったばかりで、十八世紀的な貴族社会は成り立ちえなくなっていた。

ブランメルは、マンチェスターへの転任を命じられてロンドンにとどまることを選び、二十一歳のとき軍服を脱ぎ捨て、以後、本格的に社交界に出入りするようになるのだが、社交界では経済力をたよりに成り上がってくる新興ブルジョワと、それを排除して閉鎖的な貴族社会の伝統を死守しようとする旧来の貴族が攻防を繰り広げていた。財産もない、地位もない、職業もない、何もないブランメルは、そのなかでどうやって闘い、君臨することができたのか？

無関心、という態度である。

プリンスから、彼の許婚者の付き添い騎士に（並みいる名門貴族をさしおいて）指名されるという異例の抜擢の光栄を賜ったときですら、その幸運を「耐え忍んだ」ブランメルの戦術は、傲岸不遜な無表情と無関心を貫くことであった。彼の無関心には、誰もが畏れと憧れを同時におぼえずにはいられなかったという。

たとえば貴族社会お約束の旅行みやげ話も、ブランメルにかかるとこうなる。

湖水地方を訪れたブランメルに、ある上流社会の知人が尋ねる。

「どの湖がお気に召しましたか？」

ブランメル、飽き飽きとした顔をして向こうで仕事をしている従者に尋ねる。

「おい、ロビンソン、わたしがいちばん気に入った湖はどれだ？」

ロビンソン、「はい、ウィンダミア湖のように見受けられます、旦那様」

ブランメル、知人に向かい、「じゃあ、ウィンダミア湖だ。これでいいか？」

偽善的マナーに敬意を表すふりしつつ、それを形無しにしてしまう、離れ業。

また、ある屋敷のディナーパーティーに招待されたときの話。

シャンパーニュが出されたが、ブランメルの口に合わなかった。

ブランメルは屋敷の執事に向かい、こう言う。

「このサイダー、もう一杯くれないか」

こんなものをシャンパーニュとは呼ばない、という真っ向からの批判の代わりに、「サイダーお代わり」。キツいひと言だが、まずい酒を出したほうは怒るに怒れない。

相手が貴族であろうがブルジョワであろうが、ブランメルは無礼すれすれの無関心の高みから侮蔑の一瞥またはひと言を投げかける。超然とした無関心の前には、どんな価値も無意味になってしまうのである（現代においても、高価なブランド品を誇るうっとうしい態度や、暑苦しい「成功」自慢をあっさり無価値にする方法はただひとつ、超然と無関心の高みに昇ればよい）。

華麗に、かつさりげなく作りこまれた服装術に支えられた卓越した風采の力が、クールな無関心という態度と結びついて、左右のあらゆる敵の価値を無にしてしまったとき、ブランメルは畏怖されると同時に崇められ、場の支配者として君臨することに成功する。

ダンディと恋愛
ダンディとヴァニティ

さて、この冷酷な無関心と無表情の下には、それを支えきるだけの特別な感情があったのだろうか？

服装や態度の洗練を心がける男性の根源的な動機のひとつに「女性にモテたい」という野心が潜む場合が少なくないと思うのだが、どうもブランメルの場合、その野心は必ずしも大きくはなかったようである。たしかに彼はモテた。女性たちの賞讃の的となり、公爵夫人は娘たちに「ブランメル様に気に入られるように振る舞いなさい」と指示したりもした。何人かの女性たちとやりとりした詩や手紙も残る。が、その内容はどちらかといえば友愛に近いもので、恋愛沙汰と呼べるほどの記録は見当たらない。ジョージ四世との「精神的な」ホモセクシュアルの関係をほのめかす後世の評論家もいるが、確証はない。崇拝や恋慕の対象になることはあっても、ブランメル自身が恋愛感情でとりみだすようなことは決してなかったようだ。

特記すべき感情があるとしたらただひとつ、ヴァニティ（うぬぼれ）かもしれない。バルベイ＝ドールヴィイも「世間が容赦しない唯一の感情」と呼ぶほど、あらゆる文化圏で、あらゆる時代を通して、あらゆる感情のなかでサイテー視されつづけている（なぜ？）、ヴァニティ。ヴァニティ、すなわち「見物席の喝采への癒しがたい渇望」（バルベイ＝ドールヴィイ）を、英雄的な功績ではなく、服装や立ち居振る舞いといった、世間で軽視されがちな泡のようなもののなかに十全に満たしきり、英雄に比肩する存在に化けてしまったのがブランメルだった（同時代の英雄中の英雄、ナポレオン・ボナパルトよりもブランメルになりたい、といったのは詩人のバイロン卿である）。

実際、「あら、ブランメル様ったら、どうせ一日の終わりにはくしゃくしゃになってしまうネッククロスにあんなに凝っちゃって、いたいたしい」という視線をもはねかえしてたっぷりと装いに時間をかけるのは、産業革命後、「生産性」や「効率」の価値が台頭しつつあった時代においては、一種の英雄的な行為である。

フランスの知識人たちがこぞってブランメルに熱狂したのは、フランス革命後の、もはや王がいなくなった時代において、地位も財力も満足にもたぬ一個人による、「王」に近い振る舞いの可能性、というか幻を見たためではなかったろうか、とも思う。

ヴァニティの行く末

「あらゆる感情の行く末には運命が待っている」――これもバルベイ＝ドールヴィイの言葉であるが、ブランメルのヴァニティは彼をどこへ導いたのか。

一八一三年、すでに王室の権威を借りなくても同時代最高のエレガントな社交の場をつくることができると思うまでになっていたブランメルは、「ウォーティア・クラブ」のリーダー四人で、少数精鋭のダンディが集う、最高の美的空間「ダンディ・クラブ」なるものを、「アーガイル・ルーム」を借りて完成させた。

完成を祝う舞踏会を催すことになったが、すでにプリンスと折り合いが悪くなりはじめていたブランメルは、プリンス・リージェントを招くことに反対だった。当日、プリンスがアーガイル・ルームに到着しても無視したばかりか、ブランメルは、満員のクラブのなかで、仲間の一人、オールヴァンリーにこんな声をかけたのである。

「オールヴァンリー、君の脂肪肥りした友人は、誰だい？」

美食と美酒で隠しようもない肥満への道を突き進んでいたプリンスの耳に、当然、聞こえるような大きな声で。この「フーズ ユア ファット フレンド（Who's your fat friend?）」事件はシャレではすまず、以後、ブランメルとプリンスは決定的に決裂する。

王室の庇護をなくしても、しばらくの間、ブランメルは「ダンディの帝王」であり続けていたようだが、次第に借金に苦しめられるようになる（借金のほとんどは、ギャンブルによる「名誉の負債」だったという）。このままいけば逮捕されるというところまで事態が切迫した一八一六年、ブランメルは追われるようにフランスのカーンへ逃亡した。

決裂したはずのプリンスは国王ジョージ四世となり、カーン領事にブランメルを任命することで援助の手を差し伸べようとするが、ブランメルは「カーン領事など（存在そのものが）不要である」と書き送ってついには借金が払いきれずに刑務所に送られる。

最終的に、ブランメルのヴァニティの行く末に待っていた運命とは、精神に異常も来たしたあげくの、異国の慈善病院での孤独な死であった。

なんだ、ただの見栄っ張りの自業自得じゃないか、と見る向きもあろう。しかし、旧敵のお情けにすがるくらいなら野たれ死にを選ぶ、というブランメルの破滅も辞さないスノッブぶりを見ていると、建設的でプチ安楽な人生をこそよしとする小市民的な発想が、なんだかちまちましたつまらないものに思えてくることがある。差し伸べられる援助の手に安楽に自分をゆだねようとはせず、自らが招いた運命を無表情で受けとめる破滅っぷりもまた、遠い国のブランメル・マニアの胸を切なく締めつけてやまないのである。

ちなみに、スノッブとは、「オックスフォード・イングリッシュ・ディクショナリ」の定義によれば、「羊毛を刈り取らせようとしない、手に負えない最後の一匹の羊」でもある（1のb）。ブランメルの最後を思うとき、毛を刈り取らせるくらいなら寒さと飢えの中で倒れることを選んだ、一匹の、愚かで愛すべき美しい黒羊の姿を重ね合わせずにはいられないのである。

No.2 ブラックフォーマルを創造したダンディ、
リットン卿

かくして、夜の正装色は黒になった

ティム・バートンが『バットマン』（一九八九年）を映画化するにあたって、マイケル・キートン演じるブルース・ウェインの住むウェイン館にもっともふさわしい建物として選んだのは、ロンドンから四十五キロ北にあるネブワース・ハウス（Knebworth house）である。

重く陰鬱な偉容でフィルム映えするゴシック風チューダー様式のこのマナーハウス（貴族・地主の田園の邸宅）は、一四九〇年に建てられたリットン家のお屋敷であるが、十九世紀なかばにこの館の主となった人物が、初期ダンディズムの普及に多大な貢献をすることになる。

エドワード・ジョージ・アール・ブルワー＝リットン（Edward George Earle Bulwer-Lytton 一八〇三―七三）。通称、リットン卿。

日本における知名度は、歴史小説『ポンペイ最後の日』の作者として、あるいは満州事変後のリットン調査団の団長リットンの祖父として、かすかに知られているかいないかというところか

もしれない。だが、あまりにも有名なこの格言を書いた人、といえば少し親しみを感じていただけるのではないか。

「ペンは剣よりも強し（The pen is mightier than the sword）」

『リシュリュー』という戯曲の第二幕・第二場に出てくる主人公のセリフである。リットン卿は戯曲のほか詩や政治評論・時事評論、さらにありとあらゆるジャンルの小説まで生涯に三十作以上も発表しているが、『ケンブリッジ版イギリス文学史』においては「あまりに筆が立ちすぎて身を滅した」と微妙にキツい評価が下されている。また、一九八二年から「ブルワー＝リットン小説コンテスト」なるリットン卿の名を冠した小説コンテストがおこなわれているのだが、これは、ひどい書き出しではじまる小説の、その独創的なしょうもなさを競う駄作コンテストなのである。かのスヌーピーもタイプライターをたたいては出版社に受け取り拒否される作品を書き続けているが、彼が冒頭に使うお決まりのフレーズ「暗い嵐の夜だった……（It was a dark and stormy night…）」が実はリットン卿の小説『ポール・クリフォード』の書き出しにほかならない、と知れば、「駄作の象徴」となるほどの小説の出来栄えのほどは推測できよう。

リットン卿の名誉のためにいえば、この人にとってあくまで小説は、政界で活躍するなかでの余技にすぎなかったのかもしれない。植民地担当大臣をつとめ、その功績で男爵にまで叙せられているのだから。しかしまあ、ダンディズムの学徒にとっては、この人の文学史的位置づけも政治的貢献もさほど大きな興味の対象ではない。私たちがリットン卿を覚えておきたいのは、この人が生み出した架空のダンディが、現在の男性服のフォーマルウエアの基準に決定的な影響をおよぼしているからである。
その基準とは、夜の正装に、黒を着ること。

架空のダンディ、ペラム

レディ・ドロシー・ネヴィル（?―一九一三）の『回想記』（一九〇六年）にこんな一節がある
――「わたしの兄はいつもこう断言していました。ジェントルマンの夜会服に、万人共通の、揺るぎない黒を流行させたのは、リットン卿であると。もし私の記憶が正しければ、ペラムはいつもその色を着ていました」。
男子服から華やかな色彩を徹底的に排除したのはブランメル、という了解がある。しかし、ことフォーマルなイブニングウエアにかぎっては、ブランメルを凌ぐ影響力を発揮した男がいたのである。キャプテン・ジェスのブランメル伝によれば、ある夜会で、流行にならって白と黒から成るイブニングウエアを着たジェスを見て、昔と変わらぬブルーの正装用上着を着たブランメルはやんわりとたしなめている――「きみ、それじゃまるでカササギじゃないか。どうせ『ペラム』でも読んだのだろう」。
かのブランメルを存命中から「落ち目のダンディ」として描くという大胆不敵をやってのけたこの小説『ペラム――あるジェントルマンの冒険 *Pelham; or, The Adventures of a Gentleman*』における架空の主人公ペラムこそ、くだんのダンディにほかならない。一八二八年、ブルワー＝

リットン卿肖像画。1828年に発表した社交界小説『ペラム』の主人公と同様、シックに黒一色でまとめた装いは社交界のお手本となった。

リットン二十五歳のときの作品である。ヘンリー・コルバーン社から出版されたこの小説は、大ベストセラーとなり、作者ブルワー゠リットンもこの作品のヒットで一躍、時の人となった。

それにしてもこの小説、単純なセンテンスが連続し、どちらかといえばスカスカ感が漂うのであるが、これをいったい誰が熱狂的に読んだのか？

純正にして完璧なダンディズムの教科書

おそらく商機を見抜く才もなかなかのものではなかったかと思わせるリットン卿自身が、対象読者を明確に限定している――「擬似貴族になりたいと望んでいる、貴族よりも下の階級の人々」。

彼は『ペラム』のほかにも、サロン、舞踏会、賭博場、ジェントルマンズ・クラブなどを舞台とする似たりよったりの小説をいくつも書いており、それらは「社交界小説（Fashionable Novels）」ないし「シルヴァー・フォーク派（Silver Fork School）小説」というジャンルでくくられるのだが、どうやらこのジャンルの小説は、「社交界で恥ずかしくない立ち居振る舞いをするための、内情をよく知らない人たちのためのマニュアル」として読まれたようなのである。なかでも、ホンモノの社交界を知悉する貴族にしてダンディとしても名高かったリットン卿がもっともその色を強くうちだした『ペラム』は、アングロマニー（イギリスかぶれ）の嵐吹き荒れるフランスでも八版を重ねるほど売れた。その宣伝文句はずばり、これ。「純正にして完璧なるダンディズムの教科書」。

では、その主人公ペラムはどういう男なのかといえば、リットン卿が親切にも小説の序文で説明している。「この小説の主人公として私が描いたのは、彼の属する階級（貴族階級）の現在の慣習や考え方を詳細に伝えるにふさわしいと思えるような人物である。つまり、正反対の要素をあわせもつ人物――洒落者にして哲学者、快楽主義者にしてモラリスト。見た目は軽薄であるが、天然の軽薄というよりはむしろその軽薄から何かを学んでいるような人物……」

と聞くとなにやら奥が深そうであるが、なんのことはない、身のこなし、服装術、グルーミング、食事のマナー、ダンスの作法といった洒落者の行為ひとつひとつにいちいちもっともらしい注釈をつけることに長けた男というだけ……と一蹴できなくもない。しかも、服装や身だしなみに少なからぬ情熱を注ぐペラムの行為は、大仰な信念に支えられているのだ――「おのれをよく律せよ。そうすれば世界を律することができるだろう」。

なんだか安っぽい格言で脱力しそうだが、ともあれ、時代の要求にぴたりとこたえた『ペラム』は、英仏両国において「ダンディズム入門書」として広く読まれたわけである。カールした髪をなびかせ、いかにも高価に見える服飾品に身をつつんで、優雅にメランコリックに社交界を泳ぎ回る「バタフライ・ダンディ」ことペラムは、ブランメル凋落後のイングリッシュ・ダンディのアイコンとなった。

では肝心の作者リットン卿の「ダンディ」としての評価はといえば、当時のオピニオン雑誌を読むかぎり、必ずしも好意に満ちたものばかりではなかったようだ。もっとも厳しいリットン評を残しているのは、もっとも近い立場にあった妻ロジーナ（九年の結婚生活ののち離婚）である。「イギリスの社交界がひざまずいているのは、胸の悪くなるサイテー野郎よ。うそつきで臆病者のブルワー＝リットンみたいなね」。

作者本人はさておき、彼が生んだ架空のペラムはヒーローとなった。結果、「純正・完璧なるダンディ」をお手本にするまねっこダンディたちが、ポスト・ブランメル時代の一八三〇年代のロンドンとパリにあふれかえることになる。

ペラムの服装心得

さて、そんなマニュアルとしての性格をもった小説であるから、男子の服装術についても、ときに具体的に、ときに抽象的に、あれこれと指南する記述が見られる。たとえば『ペラム』初版には、「服装心得二十二か条」が箇条書きで記される。そのなかでも二十一世紀を生きる読者の共感をも得られるのではないかと思われる心得を紹介したい。そのままの日本語訳だと退屈な格言オンパレードになるので、現代であればこのように言い換えられるだろうかと思われる、中野意訳も添えた。

2　服装から、一般に通用しているテイストを完全に排除してはならない。世の中の人は奇抜さを、大事においては天才の証とみなすけれども、小事においては愚行と見る。

（各社の大御所が集まる異業種の会議には、たとえふだんはTシャツを仕事着としていても、いちおうスーツを着ていったほうがよい。世の中の人は、イチローの無礼を天才の証と許しても、新興ＩＴ企業の社長の「ひとりTシャツ姿」は愚行と見る）

7 愛する人の愛情を勝ち取るためには、衣服においては無頓着を装うこと。愛情を保ち続けるためには、こまめな心配りを衣服に示すこと。無頓着は愛が情熱的であること（ゆえに衣服まで気が回らないこと）の証となり、心配りは敬意の証となる。
（結婚するまでは服装にあまりかまわないふりをして「あなたのことだけを思うあまり、自分の洋服まで手が回らない」という態度で彼女をじ〜んとさせなさい。結婚したら、何を着てもいいけど、フケや汚れやしわがないか、歯磨きはしたか、をこまめに確認して、幻滅されないようにしなさい）

14 衣服において、最高の優美を作る原則は端正さであり、最悪の下品さを作るのは正確さである。
（きちっとしているわけではないけど全体のバランスがいいな、と感じさせるのはかっこいいが、着丈がちんちくりんなのにスーツの袖口からシャツを十五ミリ正確に測って出し、ズボンの裾のうしろを正確に十八ミリ長めにしたりするのは、ダサいことである）

18 深く洞察する目をもった人にとっては、「表層的」と切りすててよいものなど何もない。精神が表れ出るのは、些細な表層のなかである。

（白いフレームのサングラスをかけ、複雑機構の時計を装着し、ミリタリーものをアレンジしたショートコートを着ていたら、その男性は、スキあらば女性に言い寄ろうという下心まんまんと見えて実はやや小心者であると読みとりなさい）

「個」の卓越の黒

さて、問題の黒い夜会用正装である。

主人公ヘンリー・ペラムが母レディ・フランセスから受け取る手紙に次の一節がある。

「先日お会いしたとき、あなたは青の上着を着ていましたが、あれはよくありませんでした。あなたには黒がいちばん似合います。これは最高のほめことばなんですよ。だって、黒が似合うためには、まず風姿が際立っていなければなりませんからね」

かくしてペラムは夜会用正装として黒い上着とベストを着て、ズボンまで黒でまとめてしまう。夜会ばかりでなく、朝も昼も、ほぼ一日中、黒いスーツを着て社交界を渡り歩くのである。そんな架空のダンディが現実世界に小さからぬ影響を及ぼし、一八三四年のオピニオン雑誌、「フレイザーズ・マガジン」誌が、「夜会服はほとんど黒の上下なので、ダンスルームが陰気で単調になって不快だ」という記事を載せるほど黒が普及するにいたる。

現代においては、「みんなと同じ黒いスーツやタキシードを着ておけば無難で安心だよな」という、なあなあ民主主義の象徴になっていると感じられることもある黒い正装だが、誕生時における夜の黒は、あくまで「個」としての着用者が際立つための、卓越のための黒であった、ということを心の片隅にかすかに留めておくのも悪くないだろう。

それにしても、当時の人々は、ダンディ模倣に熱を上げる一方、ダンディを批判することもやめなかったのだが、その屈折は何を意味するのか?

同時代のエッセイスト、ウィリアム・ハズリットが描写するダンディ像にそのヒントが見つかりそうだ。「何が起ころうと、ダンディはその場の主人公である……ダンディは自分が書いたお芝居を演じるように、究極の端正な無頓着でもって、場を支配してしまうのである」。万人が平等になる民主主義社会になだれこむ直前の時代に生きる男たちが、権力にも富にもたよらずに、一個人としてささやかな支配者となるために模索したひそやかな戦略。一八三〇年代ダンディズムがそれだったとすれば、自分以外に支配者候補が出ればそれを叩きたくなるのは当然かもしれない。そんな狭量な「青さ」がまた当時のダンディの愛すべき点でもあるのだが。

No.3 ハンディをダンディズムで押しのけた文人宰相、ディズレイリ

学歴なしのユダヤ人が大いなる野心をもつとき

初日の出に初夢、一年の最初に訪れるものは、特別である。ましてそれが、長く暗い冬が明けたあとの、一年の最初に咲く花となれば。イギリス人はそれを「最初のバラ」という意味をこめて、「プリムローズ」と名づけた。日本では桜の花に似ているためサクラソウとも呼ばれる。花言葉は「うら若き青春」。

毎年四月十九日、イギリス人、なかでも保守党の人々は、プリムローズをつけ、国会議事堂のベンジャミン・ディズレイリの像やヒューエンデン（Hughenden）にある彼の墓をプリムローズで飾る。町がプリムローズであふれるこの「プリムローズ・デイ」は、ディズレイリの命日なのである。

ベンジャミン・ディズレイリ（Benjamin Disraeli 一八〇四—八一）。

一八六八年、および一八七四年から八〇年にかけて英国首相をつとめた政治家として名を残す。

外交政策においては、イギリス帝国の政治的・経済的基盤を確立し、イギリスを世界一の強国にした輝かしい実績を誇る。内政においても、行政改革（administrative reform）という言葉を初めて用い、保守党でありながら大改革を次々とやってのけた。

すぐれた政治的手腕を発揮するかたわら、政治・社会小説でも高い評価を得た文人宰相、ベンジャミン・ディズレイリであるが、実はそのキャリアの出発点において、彼は当時のエリートには考えられなかった二大ハンディキャップを負っていた。

まず、彼の姓、ディズレイリの意味するところであるが、D'Israeli すなわち「イスラエルより来たりし人」である。彼の先祖は移民ユダヤ人であった。十代のはじめにキリスト教に改宗してプロテスタント系の学校に行くもののすぐに退学、もっぱら家庭において、著述家だった父アイザック・ディズレイリの蔵書に埋もれて読書三昧の日々を送る。つまり、当時の英国のジェントルマン階級の子弟が受けるべきパブリック・スクールでの教育には縁がなかったどころか、彼の学歴はほとんどゼロに等しいのである。

学歴なし。社会の主流をになう民族ではない。

こんなハンディにもかかわらず、というかこんなハンディがあるからこそ、というべきか、ベンジャミンには強烈な野心があった。社会の表舞台で名を馳せる大物になる、というヒリつくような野心が。

「世の中がわたしを覆う貝であるならば
　わが剣をもってそれをこじ開けてみせよう」

（『ヴィヴィアン・グレイ Vivian Grey』より）

二大ハンディを負った身で、世界をこじ開ける剣として彼が利用したもの、それがほかならぬディズレイリ流ダンディズムであった。

友には微笑みを
世間には嘲笑を

リットン卿の『ペラム――あるジェントルマンの冒険』に二年先立つ一八二六年、同じコルバーン社から、匿名作者による、ある小説が出版された。

『ヴィヴィアン・グレイ』。

社交界の階段を、才能ある野心的な青年がドン・ファンさながらに上りつつ表舞台で大物になっていくさまを、皮肉を交えて描いたこの小説に、人々は沸き立ち、作者探しに夢中になった。上流階級のマナーや社交人士の描写があまりにもリアルであったために、当然、作者は社交界や政界を知り尽くした人物だろうと推測されていた。

ところが、数ヵ月後、作者が「ディズレイリ・ジュニア」と発表されるや、世間の評価は一変する。社交界の片隅にもいたことのないユダヤ人の若造がハイソサエティを知ったかぶりするなんて！　と。

ディズレイリはたしかに上流社交界とは無縁であったかもしれない。だが、父アイザックに連

ベンジャミン・ディズレイリ（右）とディケンズ（左）のイラスト。1870年。ディケンズのフロックコートとトップハットが正式な昼間の装いとされた時代に、ディジーは当時インフォーマルであったラウンジスーツ姿で登場する。

れられて出かけていた中流階級のインテリが集まるパーティーで、鋭い観察眼を光らせていたのである。そこで得た知識を、想像力と筆力で華麗に昇華させた虚構が『ヴィヴィアン・グレイ』の世界になった。

ほう、おもしろいじゃないか。イマジネーションだけでリアルな上流社会をでっちあげてくれるとは。生意気なユダヤ人青年に対する非難が噴出する一方、彼に興味を抱いて引き立てようとする社交人士も現れる。その一人が、ほかならぬリットン卿である。

その頃すでに、人々の記憶に自分を植えつけるためにはエキセントリックな外観が重要、と学び、日々それを実践していたディズレイリは、リットン卿邸夕食会においても、奇抜な服装で人々の記憶に留まる。「緑のヴェルヴェットのズボン、カナリア色のベスト、甲が大きく開いたローカットの靴に銀のバックル。袖口にはレースがひらひらし、髪は長い巻き毛になっている」とは、ディズレイリのいでたちと会話術に強烈な印象を受けたリットン卿の弟、ヘンリー・ブルワー＝リットンの回想である。

センセーショナルな服装は、リージェント・ストリートを歩くだけでも注目を集める。ブルーの上着、ライトブルーのミリタリートラウザーズ、赤いストライプの入った黒いストッキングに奇抜な靴。こんな男に出会ってしまった人々の反応を、ディズレイリ自身が楽しげに記録している。

「人々は私のために道を開けてくれた。まさしく紅海がまっぷたつに割れたようだった。モーゼが率いるイスラエル人が渡った紅海も、きっとあんな感じであったろう」

出発点においてハンディを負った野心ある若者が、とにもかくにも人々の注目を自分にひきつけ、人々の話題にのぼるためにとった自覚的な服装戦略。それがディズレイリの場合、紅海まっぷたつダンディズムであった。「友には微笑みを。世間には嘲笑を。これが支配のコツである（A smile for a friend, and a sneer for the world, is the way to govern mankind.）」とはヴィヴィアン・グレイのモットーであるが、人をなめてるのか？　と聞きたくなるような服装も実はしたたかな計算のうちであったのだ。社交界を優雅にひらひら飛び回るリットン卿がバタフライ・ダンディと呼ばれたとすれば、人々を驚かせつつ心をつかんでいくこちらのほうはパピンジェイ（おうむ）・ダンディと称された模様。

ともあれ、人垣を開けたこともふくめて、この戦略はとりあえず「世界を開いた」のである。ディズレイリのあだ名が「ディジー（クラクラ野郎）」とはよく言ったもの。

行動が幸せをもたらすとはかぎらないが行動なくして幸せはない

リットン卿に引き立てられ、あの『ヴィヴィアン・グレイ』の作者とうわさされ、かつエキセントリックなダンディズムで人々の度肝をぬくことで、一八三〇年代のディズレイリは、ヴィヴィアン・グレイさながら社交界の人気者になっていく。

一八三三年には妹のサラに「招待状に文字通り埋もれている。知らない人からも招待状が来る」と自慢げに嘆き、三四年には社交界の女帝レディ・コークに「ロンドンでもっともいきのいい男。ディズレイリなしのパーティーなんて考えられない」と評されるまでに。三七年には社交界の寵児としてディジーの人気は頂点をきわめる。

社交界での地位を高めていくこの間も、実は彼は表舞台へ打って出るべく着実に行動している。一八三二年、ディズレイリ二十八歳、国会の補欠選挙に立候補する。

黒いヴェルヴェットのサテンの裏地つきコート、ゴールドの側章をあしらった紫のズボン、深紅のウエストコート、指先までふさふさとたれるレースのラッフル、さらに宝石とチェーンをじゃらじゃら（白い手袋の上から指輪を着用するのはディズレイリのトレードマークになる）。

そんな服装で選挙に立候補したときには、誰もが驚き、注目した。芝居がかった演説も聴衆をひきつけた。しかし、票を獲得することはできなかった。ユダヤ人の出自もネックになったようで、「古着」だの「シャイロック」だのと罵声を浴びせられたという。「行動が幸せをもたらすとはかぎらないが、行動なくして幸せはない（Action may not always bring happiness, but there is no happiness without action.）」という今に語り継がれるディズレイリの言葉があるが、その思いはすでにこの頃、彼の胸に去来していたのだろうか。その後、五回の選挙に出馬しつづけて連戦連敗するもディズレイリはあきらめず、社交界における地位を高めたことも有利に働き、一八三七年、ようやく議席を得て、国会に登院する。

同じ年、ヴィクトリア女王が十八歳で玉座につく。

借金の担保はイギリス帝国

晴れて国会議員になってからもディズレイリは個性的に振る舞い、ご紹介したいエピソードには事欠かないのだが、とりわけしびれる話をひとつ。

一八七五年、第二次ディズレイリ政権時代。同じユダヤ人として親しくしていたロスチャイルド家に食事に招かれていたディズレイリは、エジプトのスエズ運河株を買収するチャンスが訪れたことを知る。フランスに先を越されるわけにはいかない。ただちに閣議を開き、総額四百万ポンドの買収を決定したが、議会は休会中で承認を得られない。困ったディズレイリはロスチャイルドから緊急融資を受け、買収に成功。その担保としてディズレイリが差し出したのが「ブリティッシュ・エンパイア」だったという。結局、このスエズ運河の利権獲得によって、イギリス帝国はいっそう繁栄することになる。

自分を縛ることもあったユダヤ・コネクションをここ大一番で生かしたはったりには、胸がすく思い。

ちなみに、この頃のディズレイリはさすがに奇抜な服装は控えたようだが、フロックコートが正式な昼間の装いであった一八七〇年ごろ、まだインフォーマルな装いとされていたラウンジスーツをいち早く着て人前に現れている。人垣が割れたかどうかは不明だが、少なくとも、サヴィル・ロウの老舗、ヘンリー・プールは、彼を顧客にもったことを今なお誇る。

否定せず反駁せず
ただときどき忘れるのみ

それにしても、こんな芝居がかった男、女性ウケはどうだったのかと、少し気になるところ。実はディズレイリが結婚したのは議員になって三年目の一八三九年なのだが、妻になったのはウィンダム・ルイス夫人という未亡人である。旧友の妻だった人で、しかもディズレイリより十二歳上、五十歳になろうかという女性である。夫人は裕福で、結婚によって得た財産でヒューエンデンに所領を得て、ディズレイリは念願のカントリー・ジェントルマンの仲間入りを果たすことができた。

金めあての結婚、との中傷もあったようだが、気性の安定した彼女は、感情の浮き沈みの激しいディズレイリを常にしっかり支える完璧な妻の役割を果たし、夫婦としての相性はとてもよかったらしい。

もうひとり、ディズレイリに心を開いた未亡人がいる。ヴィクトリア女王である。

最愛の夫、アルバート公に先立たれて失意のどん底に沈み、長く引きこもっていた女王を立ち直らせることができた男性が、ほかならぬディズレイリであった。その秘訣を彼は、「女王を公共の機関か何かのように扱うのではなく、ひとりの大切な女性として扱うのだ」と話している。プリムローズを女王と贈りあったりして、ふたりは恋仲とうわさされたこともある。さしずめ彼は、未亡人キラー？

なかなか人前に出なかった女王を公務に復帰させるにあたって、一八七六年、ディズレイリは女王を「インド皇帝」に推戴した。これによってイギリス帝国の植民地政策は完結した……ことに表向きはなっているのだが、どうもディズレイリ流の女王おだて作戦という意味合いも強かったらしい。お返しに、女王はディズレイリに伯爵の称号を与えた。ビーコンズフィールド伯爵、の名は、出世作『ヴィヴィアン・グレイ』に登場する人物からとったものである。

気難しい女王と良い関係を保つコツとして、ディズレイリはこんな言葉も残している。「決して否定しません。決して反駁もしません。ただ、ときどき忘れるだけです（I never deny; I never contradict; I sometimes forget.）」。頑固な女性ボスに仕えるすべての男性の役に立つかもしれない処世訓である。

彼の死に際して、女王はその墓にプリムローズの花輪を贈る。その後も毎年、彼の命日には欠かさずプリムローズを供えさせた。この習慣が今に続く。

時々、ヒューエンデンのお屋敷周辺では、プリムローズの香りのなかを歩く、ケレン味たっぷりのダンディの亡霊が目撃されるという。その口元に浮かぶのは、微笑みか嘲笑か……。

No.4 ドルセイ伯

スキャンダラスな愛と贅沢の中に生きた

セレブリティ・ダンディ

今から八十年以上前の一九二五年二月二十一日、ジャズエイジさなかのアメリカで、スノッブでスタイリッシュな一冊の雑誌が創刊される。

「ザ・ニューヨーカー」。

表紙に描かれるのは、胸元を広く覆って首を高くもちあげるネッククロスをあしらい、トップハットをかぶった、一八三四年スタイルのダンディである。モノクル（単眼鏡）をつまみあげ、蝶を観察するこの巻き毛のダンディを描いたのは、アート・ディレクターのリー・アーヴィン。表紙のダンディは「ユースタス・ティリー」と名づけられる。以後、「ザ・ニューヨーカー」の創刊記念号の表紙を飾るのは、この「バタフライ&ダンディ」。七十五周年のウィリアム・ウェグマン版の表紙ときたら、ダンディの顔が犬になっている。

アーヴィンはこのダンディを『エンサイクロペディア・ブリタニカ』のコスチューム・セクションを見て描いたとも伝えられるが、実は一八三四年のこの特徴あるスタイル、服飾史においては「ドルセイ・スタイル」と呼ばれるものである。

ドルセイとはすなわち、アルフレッド・ギョーム・ガブリエル・ドルセイ伯爵（Count Alfred Guillaume Gabriel d'Orsay 一八〇一―五二）。通称、ドルセイ伯。母音ではじまる姓「オルセイ」の前の「ド」（貴族の身分を示す小辞）をリエゾンさせて「ドルセイ」と発音するわけだが、「ド」抜きの「オルセイ」と表記される場合もある。

パリで生まれ、イギリスに移り住み、最盛期の一八三〇～四〇年代にはロンドンとパリの社交界の花形として名をとどろかせた。画家でもあり、彫刻にも手を染め、バイロン卿と書簡を交わしてそのウィットを褒められるほどの文才もあった。最後には破産し、借金取りから逃れるようにしてパリへ戻り、ルイ・ナポレオンに芸術院のディレクトワールに任命されるが、その後まもなく逝去している。ちなみに、パリのオルセイ美術館と関係はない。一九八六年に完成したこの美術館は、旧オルセイ駅跡に建てられたのでこう名づけられた。ルイ・ヴィトンのモノグラム・ラインにも「オルセイ」という名のバッグがあるが、この名も旅を想起させる旧オルセイ駅に由来するものらしい。

さて、ダンディズムの歴史におけるドルセイ伯の位置づけはどうなのか。

一八四五年のオピニオン誌は「優雅な趣味の裁定者（arbiter elegantiarum）」として彼を讃える。同様の表現で呼ばれた大物が、この世紀の初頭に、ひとりだけいた。ブランメルである。つまり、ドルセイ伯はブランメル後の時代に、装いの力そのものによって流行の発信源となり、周囲に強い影響力を及ぼした真正ダンディとみてよい。

しかし、ブランメルとドルセイ、そのスタイルも趣味も性格も、あまりにも違う。「趣味の裁定」のしかたにしても、似ても似つかない。意志的なダンディズムによってブランメルは理性のおよばぬ絶対的支配力を獲得し、人々はそれを畏れつつ模倣したわけだが、ドルセイ伯はそんな力にはまったく興味を示さなかった。天与の美貌と誰でもとりこにしてしまう華やかさを無頓着に生かし、多彩な才能を発揮しつつ社交をオープンに楽しみ、贅沢でスキャンダラスでもある生活を奔放に送っただけのように見える。

スキャンダルで知名度を上げたドルセイ伯の一挙一動に人々は吸い寄せられ、雲上人を見るように見上げ、ドルセイの名を話題にしつつ模倣に走る……。つまり、影響力の根拠が「ゴージャスでスキャンダラスで有名であること」であったという点で、ドルセイ伯は、いわばブリンブリン(bling-bling わかりやすい豪華さの誇示)系「セレブ」のはしりであったともいえる。

甘く艶やかなドルセイ・スタイル

そのセレブぶりがいかなるものであったかを見る前に、ブランメル・スタイルとはまったく異なるドルセイ・スタイルを知っておくのは悪くない。

ムダを極力排除し、正確なカットと「振り向かれない」抑制をよしとしたブランメルのスタイルがどちらかといえば凜とした緊張感を漂わせたのに対し、一八三〇年代のドルセイ伯の装いは、

アルフレッド・ギョーム・ガブリエル・ドルセイ肖像画。広く開いた胸元につやつやと黒いサテンのネッククロスが、甘いドルセイ・スタイルを伝える。香水のブランド名、女性のパンプスの名称に、今なおその影響力の名残りをとどめる。

甘さと艶っぽさで目をとろかす。

ブランメルは上着に関してはシャープなラインのカットを好み、ボタンをがっちりと留めてクラヴァットとシャツフロントを少しだけのぞかせるのを好んだが、ドルセイ伯の上着のカットはかなり曲線的になる。ラペルを丸くそりかえらせた上着はボタンで留められることなく、フロントも大きく開いて、胸元の面積を広くのぞかせる。丸く巻き上がる場所はもう一箇所あって、それがシルクハットのつば。この丸巻きつば型のシルクハットは「ドルセイ・ロール」と名づけられ、一八八〇年代にも復活する。

また、ブランメルは真っ白なクラヴァットを好み、黒いネッククロスなどは「清潔なリネンを購入する余裕がない時だけ使うもの」として嫌ったものだが、ドルセイ伯がもっとも好んだのが、ほかならぬ、つやつやと黒いサテンのネッククロス。あごの線をささえるように巻いたこのネッククロスを、胸元全体にもやわらかく波うたせるようにしてあしらうのがドルセイ流である。

足元も、色っぽい。側面を深くカットした浅靴は、「ドルセイ・パンプス」と呼ばれ、現代では側面を深く切り取った女性用の靴にその名を残している。さらに、ドルセイ伯はブランメルが嫌ったことすべてを自分のスタイルにとりいれている。やわらかい光を放つパステルカラー、ヴェルヴェットにシルク、宝石……。極め付きは香水である。プリムローズをアクセントにしたジャスミンの香水を、手袋からつねに香らせていた。

すれちがいざまに振り向かれない抑制どころか、思わず近づいてふれてみたくなるような華麗。スキなく完璧に計算された装いであるにもかかわらず、「エグジュベラント（exuberant）」（満ちあふれた）という英語の形容詞がぴったりの、装う快楽が全身からあふれているようなリッチ感が、ドルセイ・スタイルといえようか。

香りの記憶は長く刻まれる。ドルセイ伯がこの世から去ったあともずっと……。ドルセイ伯と香水という甘美なイメージを、あるフランス人の調香師がビジネスに利用する。一九一一年、「ドルセイ」という香水会社を商標登録し、一九二〇年代にはヨーロッパとニューヨークに店舗を広げる。ボトルのデザインはルネ・ラリック、第二次大戦後のポスターはジャン・コクトー……。少なくとも香水瓶や宣伝ポスターに一流アーティストが使われたという点は、ドルセイ伯を悪い気分にはさせなかったであろう。

ブレッシントン夫妻&ドルセイのスキャンダル

さて、十九世紀の人々も、二十一世紀の私たちに負けず劣らずスキャンダルが好き。とりわけそれが、人目をひく美男美女の、尋常ならざる色恋沙汰がにおうものであれば。

ドルセイ伯を注目のセレブに祭り上げたスキャンダルとは、ブレッシントン伯爵夫妻との奇妙な関係である。

ブレッシントン伯爵はアイルランドの貴族で、アイルランドの領地に加えて、ロンドンのファッショナブルな通りも所有し、そこに邸宅を構え、派手な生活を送っていた。ブレッシントン伯爵夫人マーガレット（Marguerite Power Farmer Gardiner, Countess of Blessington 一七八九―一八四九）はアイルランドの小さな地主の娘として生まれたが、父親はギャンブルにはまり家族を極貧状態に陥れ、そんな不幸から逃れるように結婚した最初の夫からは虐待を受け、そこからも逃れるようにロンドンへ。そこでアイルランド時代の知人、ブレッシントン伯爵と出会い再婚、伯爵夫人となった美女である。ブレッシントン伯爵にとってもマーガレットは二度目の妻にあたる。

この再婚同士のカップルが「豪奢をぎゅうぎゅうにつめこんだような」ロンドンでの生活に退屈し、大陸ツアーに出かけるのだが、一八二二年、ヴァレンスでチャーミングな近衛兵と出会う。二十一歳のこの若者がほかならぬドルセイ伯であるが、たちまち彼に魅了された夫妻は、ツアーに彼を同行させる。伯爵までドルセイに夢中になったというのが悩ましいが、「高貴な男性的エネルギーと女性的な優しさをあわせもつ」と評されたドルセイの両性具有的な魅力を裏書きするエピソードになろうか。あるいは「妻の恋人」と一緒にいることが、伯爵に、なにか屈折した特殊な興奮をもたらしたのだろうか……。

その後ブレッシントン夫妻、とりわけ夫人とドルセイは、常に行動をともにし、ロンドン社交界のみならずスキャンダルに飢えていたイエロー・ジャーナリズムのホットな話題の種となる。フランス生まれのスター・ダンディと、暗い過去をもつ十二歳年上の美貌の伯爵夫人との関係、そして伯爵と美青年との関係……。この三者をめぐるありとあらゆる憶測が飛び交ったが、秘められたドロドロは、いっそうドルセイ伯のセレブ価値を高めるばかり。

スキャンダルはさらに続く。伯爵はなんと、前妻との娘、十五歳のハリエット・ガーディナーとドルセイ伯を結婚させるのである。これでドルセイ伯はブレッシントン伯爵夫妻の「義理の息子」となる。一八二七年のこと。しかし、まだコドモの花嫁にドルセイが愛情を抱けるはずもなく、別居の後、離婚（一八二八年）。そして二九年、伯爵が逝去する。

残されたブレッシントン夫人とドルセイ、「元義理の母と息子」ということになるが、愛を阻むものがもう何もなくなった二人は、ロンドンの邸宅へ移る。のちにアルバート・ホール建設のために取り壊されることになるこの邸宅こそ、当時の政治家、文士、芸術家が足しげく通い、知己の輪を広げた社交界の中心的サロン、ゴアハウス（Gore House）にほかならない。

ゴアハウスの栄光と破滅

初期ヴィクトリア時代を生きた著名人の回想記、日記のたぐいに必ずといっていいほど登場するのが、ケンジントンのゴアハウスである。

ロンドンの最新情報のみならず各界の著名人が集まり、壮麗なライブラリをはじめ贅をつくしたインテリアのなかで最高のもてなしを供し、時には「隠れ家」ともなってくれる、ロンドンのオアシスのようなサロン、それがゴアハウスであった。

ブレッシントン夫人にはいちおう「女流作家」という肩書きがあるが、彼女はなによりも「ゴアハウスの女主人」として有名になっている。しかし、多くの客が楽しみにしたのはその女主人よりもむしろホスト、すなわちドルセイ伯に会うことであった。ウィットに富んだ話術、眼福を与えてくれる美貌と装い、さっと肖像画を描ける芸術的才能、そしてあのディズレイリに「最高に親切ですばらしい男」と言わせたホスピタリティ……。ドルセイがダンディズムに一段と磨きをかけ、「趣味の裁定者」としての影響力をもつのは、まさにこのゴアハウス時代である。

このサロンの常連客として、ディズレイリのほかウェリントン公爵、小説家のディケンズ、歴史家のマコーレー、画家のマクリーズやターナーといった錚々たるイギリスの名士が名を連ねる。ヨーロッパ各地、さらにはアメリカからも大物が訪れている。作曲家のフランツ・リストは一八四〇年五月のゴアハウスのパーティーでピアノを演奏しているし、四二年にはアメリカのロングフェローがここを訪れてディケンズと出会っている。また、四七年には童話作家のハンス・クリスチャン・アンデルセンが訪れ、ディケンズと「感激の」出会いを果たす。また、フランスのルイ・ナポレオンも頻繁に訪れている。

そんなサロンの維持にはもちろん膨大な費用がかかるのだが、伯爵の遺産や夫人の収入だけでは追いつかない支払いが年々膨らみ、一八四九年、ゴアハウスの経済はついに破綻する。本や美術品や家具はすべて競売にかけられたが、元値の半分にも満たない値段で叩き売られる。ドルセイとブレッシントン夫人は、なお残る債務から逃げるようにしてパリへ向かう。

愛と贅沢のなかに生き、男性服に甘さと艶を加えたセレブリティ、ドルセイ伯。万人に愛されたが、愛する女性には甘え続け、健全な収支の計算よりも快楽の追求を選んだドルセイ伯を、実は生前から「マユツバもの」と見ていた男がいる。

小説家のウィリアム・メイクピース・サッカレー（William Makepeace Thackeray 一八一一―六三）である。ドルセイに初めて紹介されたときの印象を、友人の言葉として日記のなかでこんな風に記している……「(ドルセイは) まともなジェントルマン (regular gentleman) ではない」。

謹厳なヴィクトリアニズム一色に染まる直前の時代に、ダンディズム最盛期最後のあだ花のように花開いたピーコック・ダンディズム。それがドルセイ流ダンディズムだったわけであるが、このダンディズム、はからずもイングリッシュ・ジェントルマンの理想を世に問い直すことになるのである。その理想とはいかなるものなのか?

No.5 カーライル、サッカレー
によるダンディズムの糾弾

ジェントルマンとダンディ

理解したと思ったとたん、その相手との関係は終わりである。

恋の名言のようでもあるが、実はある精神科医から聞いた言葉である。「わからない」ところを発見し、追い続けていくことで、患者の抱える問題の核心により近づくことができるのだという（だからこの精神科医と患者とのつきあいは半永久的に続く）。

「わからないゆえに、終わらない」謎だらけの古いつきあいの相手ならば、精神科医ではない私にもいる。「イングリッシュ・ジェントルマン」である。理解しようとすればするほどつかみところをはずしたような気にさせられ、ますます深みにはまって離れられずに幾星霜……。

さて、茫洋としてつかみどころのない相手の輪郭が少しはっきり見えたと感じる瞬間のひとつは、彼（彼女）が「怒った」ときであろう。何に対して怒るのか、どのような怒り方をするかを知ると、わずかながらでも、相手の核心に近づける気がすることがある。

温厚で沈着冷静な振る舞いをその美徳のひとつとして誇る「イングリッシュ・ジェントルマ

ン」も、実はただ一度、激しく怒りを爆発させたことがある。一八三〇〜四〇年代、完膚なきまで打ちのめすべく執拗なほどに闘った敵は「ダンディ」である。

「ジェントルマン」と「ダンディ」は、現代においては、漠然と同じ種類の男としてくくられることも多い。とりわけファッションの言説においては、古きよき時代のイギリスのエッセンスが香る、端正で正統派ながら少しアイロニーの利いた上質な男というような。

たしかに、ジェントルマンもダンディも、同じイギリスの上流階級に起源をもつという意味では似ても見える。しかし、厳密に言えば、両者は微妙に重なり合いながらも、互いに反発しあう分子を含んでいるのである。ジェントルマンという獅子の身中にダンディという虫がひそんでいる、とでもいうか。そう見ると、一八三〇年代の両者の激しい葛藤は、獅子ジェントルマンが、身中の虫なるダンディの暴走を抑えつけようとした闘い、とみなすこともできなくもない。

いずれにせよ、この闘いの一部始終を見ることで、少なくとも歴史のある時点において鮮烈に際立った両者の違いというものを、わずかでも感じとっていただくことができるかもしれない。

ナチュラル・ジェントルマンとテイラー・メイド・ジェントルマン

一八三〇年。ジョージ四世が没する。

摂政皇太子時代（リージェンシー）にブランメルの庇護者となり（のちに決裂）、自らもダンディの王たらんと熱望し、美食・美酒・美服・美女三昧のなかに浮かれ過ごした放蕩王である。服飾史の上では、ジョージ四世の時代は「エレガンスの時代」として位置づけられるが、実はその「エレガンス」なるものは、国家の財政危機とひきかえに成り立っていた。ブランメルや前項で紹介したドルセイ伯の栄華が膨大な借金に支えられていたように。

そんな兄ジョージとは対照的な、素朴で飾り気のない弟のウィリアム四世が即位すると、待ってました！　とばかり、肥大化したダンディズムを徹底的に叩きつぶすべく（と、ダンディズムの学徒の目には見える）ある雑誌が創刊される。

「フレイザーズ・マガジン」である。

攻撃の主力となるのはアイルランド出身の詩人でジャーナリスト、初代編集長のウィリアム・マギン（William Maginn　一七九四—一八四二）、前項でもちらりと登場したウィリアム・メイクピース・サッカレー、そしてトマス・カーライル（Thomas Carlyle　一七九五—一八八一）である。カーライルがダンディズム撲滅の使命感に燃えてこの雑誌に連載した記事（一八三三年十一月〜三四年八月）は、『衣服哲学 *Sartor Resartus*』として結実し、二十一世紀にまで古典的名著として読み継がれることになる。

さて、宣戦布告は「エドワード・ブルワー＝リットンの小説」という一八三〇年六月刊の同誌の記事のなかでおこなわれる。先にリットン卿による社交界小説を紹介したが、その社交界小説を俎上に載せつつ、「ならずものジェントルマン＝ダンディ」をも攻撃する記事である。この記事は、まず次のような分類をすることで敵と自らとの違いを明らかにする。

ダンディズム糾弾の急先鋒、小説家ウィリアム・メイクピース・サッカレー（上）と、評論家トマス・カーライル（下）。これらイギリスの知識人にとって、ダンディズムはジェントルマンシップを脅やかすいまわしいものだった。

「この世には二種類のジェントルマンが存在する。

神が創った（natural）ジェントルマンと、仕立て屋製の（tailor-made）ジェントルマン」

以下、「仕立て屋製のジェントルマン＝ダンディ」にとっての美徳はすべて本来のジェントルマンにとっての悪徳、という論理が展開する。

さらに翌七月の「ジョージ四世の死」という追悼（？）記事では、生前のジョージ四世の政治力から交友関係、マナー、服装、性格にいたるまで、死人に鞭打つ冷酷さで罵倒したあげく、九月には、「仕立て屋製のジェントルマン」と呼ぶべきこの亡き国王は「ほんもののジェントルマンではなかった」と切り捨てた。

ブランメル、リットン卿個人への攻撃も容赦ない。サッカレーは「モーニング・クロニクル」紙でジェスの『ブランメル伝』の書評をする体裁を装って、「ブランメルは臆病で詐欺師で馬鹿で欲張りで嘘つき」と彼本人を罵っているし（一八四四年）、存命中だったリットン卿に対しては、「フレイザーズ」ほか「パンチ」「ニュー・マンスリー・マガジン」各誌でも、今なら名誉毀損で訴えられるに違いないような個人攻撃を執拗に繰り返す。

フレイザー一派による、レトリックを駆使したダンディ叩きの言葉を追っていると、当時の英国紳士のステッキを連想してしまう。あのステッキは、手を労働で煩わせる必要がない地位の象徴であるとともに、無礼者をばしばし叩くために用いられることもあったという。知の象徴でもある言葉（読み書きできない人も多かった時代）が、ダンディを仮借なくばしばし叩く……。ああ、野蛮を秘める特権的お道具たる、紳士のステッキのようなお言葉。

「フレイザーズ」がダンディをかくも激しく叩いたのには理由がある。「ジェントルマン」の理念がダンディズムによって脅やかされそうになったからである。

ジェントルマンという概念は、土地や財産・職業などの経済的実態（ハード）と人品・教養といった可塑性のある理念（ソフト）の二本立てで成立することはすでに述べた。、ハード面の条件が時代とともに刻々と変わり、ソフト面は時代や状況に応じて巧みに読み替えられてきたため、ジェントルマンの存在じたいは消滅せず生き永らえてきた。が、いくら読み替え自由といえどもそこには越えてはならない一線があるらしい。「フレイザーズ」がステッキを振り下ろしたのは、時代をリードするジェントルマンとして振る舞うダンディがそれを越えてしまったためとも見えるが、ではどのように？

ダンディズムと排他性

さて、十九世紀初期のイギリス。

経済力をつけて台頭する新興のブルジョワが、貴族ばかりで成り立っていた従来の支配層に入り交じりはじめた社会の一大変動期である。旧来の特権的立場が脅やかされることを嫌った貴族は、社交界において、ある戦略的態度をとる。

成り上がり排除。リージェンシーに咲き誇ったダンディズムは、実はほかならぬこの排他主義に貫かれていた。ブランメルの服装術、すなわち、一見シンプルだが実はわかる人にしかわからない贅沢な装いは、これ見よがしに着飾る新興富裕層（銀行家や貿易商）を軽蔑・排除するための服装戦略としても、きわめて高い効果があったのである。

排他主義がもっとも支配力をふるったのは、「社交人士の第七天国」とも呼ばれたクラブ「オールマックス（Almack's）」。カーライルは『衣服哲学』のなかで、ダンディズムを似非宗教にたとえ、「社交界小説」をその聖典に、「ペラム」を秘儀伝授者になぞらえて揶揄するのだが、その文脈で「ダンディ教」の神殿と皮肉るのが、このオールマックスである。

このクラブ（男女双方に開かれていた）に入会するには、レディ・パトロネスと呼ばれる社交界の女王陣による承諾が必要なのだが、この審査がなんというか、二昔前、ディスコの入り口に立って「お前はよし、お前は帰れ」と偉そうにしていた黒服みたいな感じなのである。レディ・パトロネスが「ダサい！」「イケてない！」と感じたならばもう終わり。ワーテルローの戦いでナポレオンに圧勝し、イギリスの国民的英雄となったジェントルマンの中のジェントルマン、ウェリントン公ですら、入会申請を却下された。その理由が「ニー・ブリーチズじゃなくてトラウザーズなんかはいているから」。ウェリントン公はこの知らせを受けて「ジェントルマンらしく」黙って立ち去ったという……。

どんなにお金や才能があっても、成り上がりだったりセンスがいまいちだったりすれば社交界では冷遇されるという理不尽な現実を、のちにサッカレーは『ヴァニティ・フェア（虚栄の市）』（一八四七—四八年）でも活写し、文名を確立することになる。ところで、こんな排他主義者たちの聖典、『ペラム』は、小説のモットーとして次のようなジェントルマン像を掲げていた。

「完璧なジェントルマンたるものは……服の着こなしがうまく、踊りが上手で、フェンシングに長《た》け、恋文を書く才に秀で、議会向きの好ましい声を持っていなければならない」

十七世紀の喜劇作家ジョージ・エサリッジによる一節であるが、「違うだろう！」「軟弱者、ジェントルマンを騙《かた》るな！」という、サッカレーやカーライルの叫びが聞こえてきそうではないか。

ダンディへのとどめの一撃と中産階級のためのジェントルマン講座

かくしてカーライルは、『衣服哲学』（石田憲次訳、岩波文庫）第三部第十章「ダンディという宗派（The Dandiacal Body）」においてダンディを次のように定義し、とどめの一撃をさす。

「ダンディとは衣服を着る男、その商売、職務、生活が衣服を着ることに存する男である。彼の霊魂、精神、財産および身体は、衣服をうまくよく着るというこの唯一の目的に英雄的に捧げられている。それで他の男は生きるために衣服を着るのに、彼は衣服を着るために生活するのである」

一方、サッカレーは、一八四一年八月刊の「フレイザーズ」に掲載した「男と上着」という記事において、「まっとうな男（honest man）」を対象に、世間から尊敬を受け、同胞として受け入れられるためのジェントルマン道および服装術を説く。まっとうな男とはすなわち、世間の羨望を煽り、個として際立つことで優位を保った排他主義のダンディたちに「二流の階級」と蔑まれた中産階級の男性にほかならない。

一八三二年に第一次選挙法改正がおこなわれ、すでに一部の中産階級が政治に参加する時代になっていた。ダンディズムつぶしをもくろんだ「フレイザーズ」の闘いは、中産階級の男たちをジェントルマンに仕立て上げるためのフォローへと続くのである。

一八五九年、サミュエル・スマイルズが「天は自ら助くる者を助く」というコンセプトの『セルフ・ヘルプ *Self-Help*』を発表。勤勉・努力・倹約の美徳がヴィクトリア女王時代のジェントルマン理念と結びつくにいたる。勤勉の範を垂れた女王の夫アルバート公が愛用した懐中時計の鎖は「アルバート」と名づけられ、鎖の一方の端をベストに留める懐中時計は紳士必携の小道具となった。ペラムは「時間など気にするのは庶民」として時計をもつことを軽蔑していたのに、ジェントルマン理念の変化にともなう、この変わりよう。

かくしてリージェンシー以来の華麗なるダンディズムはヴィクトリア時代中期にいったん影を潜める。しかし、死に絶えたわけではない。やがて世紀末に、個性をかき消されたかにも見えるヴィクトリアン・ジェントルマンに対する反逆の手段として、ダンディズムが息を吹き返すことになるのである。

No.6
ダンディズムを詩的哲学として結晶させた
フランスの知的エリートたち

ダンディは遠きにありて思うもの

カーライルやサッカレーらイギリスの知識人がダンディズムの撲滅に励んでいたまさにその頃、ドーバー海峡の向こう側のフランスでは、ダンディの神格化がはじまっていた。

母国イギリスで古来のジェントルマンシップを脅やかす存在に肥大化し、同時代人から激しいバッシングを受けるまでになっていた英国セレブ道ダンディズムは、海を渡り、輝かしい精神的態度の哲学「ダンディスム」（フランス語ではスは濁らず発音する）として昇華するのである。

なぜ、フランスで？

同時代英国人には鼻もちならないものと映った排他的特権的なダンディの態度が、フランス革命後、優雅（エレガンス）の基準を失い、新たに頼るべき精神的理想を模索していたフランスのエリートのツボにぴたりとはまったのであろうか。

ダンディないしダンディスムを論じたフランスの作家は、スタンダール、フローベール、ミュッセ、シャトーブリアン、バンヴィル、ゴンクール兄弟、モンテスキュー……それこそ枚挙にいとまがないのだが、本項では次の三人を中心にとりあげ、フランスに渡ったダンディが神になり、ダンディズムがダンディスムに化けていく過程をたどってみたい。

まず、『優雅な生活論』においてカレーに逃亡中のブランメルに会い、優雅論のインスピレーションを引き出したオノレ・ド・バルザック（Honoré de Balzac 一七九九―一八五〇）。

『ダンディスムとジョージ・ブランメルについて』を著し、華麗なる言説を駆使してブランメルを形而上的高みに引き上げてしまったジュール＝アメデ・バルベイ＝ドールヴィイ（Jules-Amédée Barbey D'aurevilly 一八〇八～八九）。

そして、バルベイ＝ドールヴィイのブランメル論に感化され、ダンディに永久不滅のしびれるような定義を与え、ついにダンディスムを哲学として結晶させたばかりか、世紀末の神秘主義的なダンディスムにまで深い影響を与えることになる大御所、シャルル・ピエール・ボードレール（Charles Pierre Baudelaire 一八二一―六七）。

今日なお、普遍的魅力がダンディスムにあるとしたら、それはひとえに、このフランスの知的エリートたちが紡ぎだした言葉の力によるところが大きい。

それにしても、ボードレールの、妄想まじりの恋情すら疑いたくなるダンディの定義――「ダンディスムとは一個の落日である。傾く太陽さながら、壮麗で、熱を欠き、憂愁《メランコリー》に満ちている」（阿部良雄訳『ボードレール批評2』「現代生活の画家」）もそのひとつ――を読みながら、思う。

ダンディは遠きにありて思うもの。

Photo : Etienne Carjat

ダンディに心酔し「ダンディスム」へと進化させたフランスの援護者たち。文豪オノレ・ド・バルザック（左上）、詩人シャルル・ピエール・ボードレール（右上）、そして、作家にして評論家のジュール・バルベイ＝ドールヴィイ（右下）。

ファッション・ジャーナリズムとアングロマニー

フランス革命以降、旧体制において各階級を隔てていた障壁は崩れ、社会階層はきわめて不明瞭になっていた。民主主義社会ならばそれでいいじゃないか、とはいかないのが人間社会の不思議。明白な違いが消え去った代わりに生まれたのが、ブルジョワ文化における精妙微細な差異の重要性である。多くの市民階級の人々は、なにをどう着て、どのように振る舞えば、微細な差異競争のなかで安心できるのか、その基準を求めていた。そこに登場するのが、ファッション・ジャーナリズム。

初期のこの分野に多大な貢献を果たしたひとりに、ピエール・ド・ラ・メザンジェールがいる。革命前には神学者だった彼は、革命後、「ジュルナル・デ・ダーム・エ・デ・モード」の編集に携わるようになる（一七九九年）。神学者がファッション誌編集？　そこには一貫性があって、荒俣宏さんの『ファッション画の歴史』（平凡社）によれば、彼は「革命のあとの社会的地位を明らかにするルールとしての服飾を示した」。つまり元神父は、革命後、混迷をきわめた社会秩序を再構築するという確たる目的をもって、微細な差異が作る暗黙裡の社会秩序を安定させるためのファッション・ルールを説くのである。信じられない！

この「信じられない」をフランス語に訳すとアンクロワヤーブル（incroyable）となるが、当時の「ジュルナル……」誌はまさしく「アンクロワヤーブル」と呼ばれた男たちを紹介している。イギリスのカントリー・ジェントルマンのスタイルを模倣する洒落男である。女版は「メルヴェイユ！（びっくり！）」。アングロマニー（イギリスかぶれ）の嵐はその後もしばらくおさまる気配がなく、この風潮がひょっとしたらイギリスのダンディを過度に美化して受け入れる土壌を作っていたのかもしれない。

続々と創刊されるファッション誌は書き手も育てる。一八三〇年、エミール・ド・ジラルダンが創刊（一八二九年）した「ラ・モード」に「優雅な生活論」を書き連ねたオノレ・ド・バルザックもほかならぬそのひとり。

バルザック、ブランメルに会う

軽薄に見えるファッションの細部こそが、その背後にひそむ近代思想の原理を明らかにする、という確信をもって「優雅学（エレガントロジー）」を唱えるジャーナリスト、バルザックにとって、入念な服装術によってロンドン社交界に君臨したブランメルは、格好の「ネタ」であったに違いない。債務者から逃れてフランスのカレーに落ちのびていた晩年のブランメルに、さっそく会いにいくのである。

実はこの会見の一部始終は、ほとんど「あのヨン様に会った！」というようなノリで活写されている。サービス精神たっぷりのモノ書きらしく意地悪な暴露もあって、それが、ブランメルのヅラ発見！　話である。「鬘をつけたブランメル、庭師姿のナポレオン、子供に戻ったカント、赤い帽子を被ったルイ十六世、シェルブールのシャルル十世！……これぞ当代五つの大見世物だ」（山田登世子訳『風俗のパトロジー』新評論）ってバルザック様、なにもそこまで……。

（註……セント・ヘレナに流されたナポレオンが土いじりをする姿は当時の版画に描かれる。八十歳を越えた哲学者カントはすっかり耄碌していた。赤い帽子は革命の象徴として急進派がかぶったが、ルイ十六世もチュイルリー宮でかぶらされた。シャルル十世は七月革命で退位、シェルブール港からイギリスへ逃亡）

が、そこは後の大文豪、決めるところは決めていて、ブランメルと議論の末に導かれた「公理」なるものも発表する。「ケチは優雅に反する」「四十にもなって一度も破産したことのない銀行家、または胴まわりが三十六寸以上ある銀行家は優雅界の地獄に落ちる」などなど。よほど銀行家に恨みでもあったのか。

会見の最後にブランメルが締めくくった言葉は、バルザックによれば、次のとおり——「われわれイギリス人は一般に寡黙な国民です。ところがフランスに来て気がついたことですが、貴殿方は行動を起こす前に必ず言論を闘わせるではありませんか」。

なるほど、議論など素知らぬ顔でダンディズムの物質的側面を生きたのがイギリス男子であったとすれば、言葉の限りを尽くしてまずはダンディスムを論じ、その精神的側面を生きようとしたのがフランス男子であった……そんな見方が、できなくもない。

揶揄の調子も混じっていたとはいえ、少なくともバルザックは、優雅学を語るにもっともふさわしいファッション界の大物として晩年のブランメルに敬意を表した。同時代のイギリス人が払おうともしなかった敬意を。

ダンディ、芸術家に格上げ

それから十年後。ブランメルはカーンで没するが（一八四〇年）、祖国イギリスでは大きなニュースにはならなかった。生前からブランメルと親交のあったキャプテン・ジェスは、ロンドン社交界を畏怖させてきたその振る舞いのエピソードを網羅する『ブランメル伝』を出版したが（一八四四年）、イギリスでは黙殺されたに等しかった。読まれるとすれば、「愚行の先にはみじめな最期が待っている」という教訓として受け取られたりして。

しかし、フランスのジャーナリスト、ジュール・バルベイ＝ドールヴィィは、この伝記から、イギリス人には思いもよらなかったであろう、まったく異なる感銘を受けた。折からイギリスのダンディに関する資料を収集し、ジェスとも書簡を交わしてブランメルについて語り合っていたバルベイ＝ドールヴィィは、満を持して、『ダンディスムとジョージ・ブランメルについて』（一八四五年）を発表する。これが、ダンディズムの歴史を決定的に変えてしまうことになる記念碑的な論文となる。

ヴァニティ（虚栄心）を讃え、ヴァニティの最高の体現者としてブランメルを位置づける序文から始まるこの論考は、ダンディの複雑微妙なエッセンスが濃厚に香りたってくるような文体で、ブランメルをその化身とするダンディスムを語る。

「ダンディスムは、ルールを敬い続けながらルールをもてあそぶ」
「ダンディを作るものは独立精神である。そうでなければダンディになるための方法というものが生まれているだろうが、実はそんな方法など存在しないのである」

などなど、ため息が出そうな言葉が続く……。が、気をとりなおして、この本のポイントをお知らせすると、ただ純粋に洒落者であること（これをイギリス人は愚弄した）、その虚無のポーズにこそ精神の偉大性がある、と論じきった点である。何も生産しない傲慢な態度そのものによってブルジョワにショックを与え、彼らの退屈さと偽善を暴いてみせる、それが知的なポーズでなくていったい何であろう、とダンディを芸術家扱いしてみせたのが、バルベイ゠ドールヴィイの「功績」である。

こうして生々しさを排除され、形而上的な高みに引き上げられたダンディは、生まれや財産にかかわらず一個人としてどのように貴族的な優越を保って生きるべきかを模索していたフランスの新しい知的エリートに、新鮮な衝撃を与えることになる。

輝くこともできるのに
輝こうとはせずにいる、潜んだ火

ちょうどその頃、トップハットから靴にいたるまでぴかぴかの黒ずくめで装った、二十代の才能あふれる美男がパリの芸術家たちの注目を浴びていた。

シャルル・ピエール・ボードレールである。

美術評論『一八四六年のサロン』に、彼はバルベイ＝ドールヴィイのダンディスム論から受けた感慨を記す――「ダンディスムとは現代的な物事であり、まったく新たな諸原因に由来するものであることを」（阿部良雄訳『ボードレール批評1』筑摩書房に収録の「一八四六年のサロン」）。バルベイ＝ドールヴィイとボードレールはその後、書簡を交わし、交流を深める。その間も文芸美術評論のほか詩集を発表したり、ポーの小説を翻訳したりとボードレールは文名を高めていくわけだが、ついに一八六三年（四十二歳）、「フィガロ」紙に連載した「現代生活の画家」（阿部良雄訳『ボードレール批評2』に収録）において、詩的で呪縛的な言葉を連ねてダンディスムを濃密に語りつくす。

「ダンディの美の性格は、何よりも、心を動かされまいとする揺《ゆる》ぎない決意から来る、冷《ひや》やかな様子の裡にある。潜《ひそ》んだ火の、輝くこともできるのに輝こうとはせずにいるのが、外からそれと洞見されるさま、とでも言おうか」

どんなさまじゃ？　とつっこみたくなる衝動をおさえて「詩」として味わいたい。洒落者全般の定義に目を移すと、こんな礼賛が見られる。

「この男たちは、……みな同じ、反対と反逆の性格を帯びている。みな、人間の誇りの裡《うち》にある最良の部分を代表する者たちであり、低俗さと闘ってこれを壊滅しようとする欲求、今日の人々にあってはあまりにも稀となったあの欲求を代表する者たちなのだ。そこからして、ダンディたちに見られる、冷然たる裡にもなお挑戦的な、あの特権階級《カースト》然とした尊大な態度が生れる」

たかが洒落者にこれほどの称賛。いやそれどころか、ボードレールのダンディスムにあっては、入念な身だしなみも「精神の貴族的な優越性の一つの象徴にすぎない」のであり、「意志を強くし魂に規律を与えるのに適した体操」となるのである。

「ダンディスムとは頽廃の諸時代における英雄性の最後の輝き」とまで書かれては、およそ反逆の精神をもつ者、無価値な服装術に集中することで時代に抵抗する英雄道となったダンディスムに魅了されないではいられないだろう。

シガレット・ダンディと葬列の男たち

実はボードレールの「現代生活の画家」はフランス文学において「cigarette」(紙巻き煙草)という語が最初に使われた一例らしい。リチャード・クラインのカルト的名著『煙草は崇高である』(太田晋・谷岡健彦訳、太田出版)に書かれている情報であるが。この本はまた、「シガレット・ダンディ」と呼ばれた種族も紹介する。名づけたのは、テオドール・ド・バンヴィル(Théodore de Banville 一八二三—九一)。

「芸術のための芸術」を掲げた高踏派の詩人で、ボードレールとも交流があった。シガレット・ダンディとは、一日に六十本もの煙草を吸い、禁煙しなかったがために生命を縮めた貴族気質の人々を指す。

長く生きることを絶対善とする文化にあって、無価値でしかない行為を美しく遂行してみせる。これは究極の反逆精神の表れであり、バンヴィルはこれを芸術家の生のもっとも高度な形態、と位置づけたわけである。命をかけたダンディスム。ホンモノの頽廃まであと一歩、である。

また、一八五〇年前後にはメンズウエアがいっせいに黒に向かうのだが、ボードレールはこれを「民主主義を地ならしする色」と呼び、黒いメンズウエアに身を包む男たちを葬式の参列者のようだと表現した（「一八四六年のサロン」）。それに触発されて制作されたという絵があって、それがルーブル美術館の所蔵するギュスターヴ・クールベの「オルナンの埋葬」（一八四九年）である。ジョン・ハーヴェイの大著『黒服』（太田良子訳、研究社）によれば、描かれる埋葬風景は実際の葬儀の模様ではなく、十九世紀ブルジョワ社会の肖像画だそう。ボードレール自身はロマンの不毛と絶望を抱きつつ、この黒に身を包んだ。

死のイメージと戯れ、不毛と絶望のなかに生きるしかないという諦念を含むまでにヴァージョン・アップ（?）したダンディスムは、やがて神秘主義と結びつき、イギリスに逆輸入されて、世紀末の黒いダンディズムを花開かせることになる。

No.7

華麗なる警句と逆説で社会を挑発しつづけたダンディ、

オスカー・ワイルド

浅はかな者だけがおのれが何者かを知っている

男のおしゃれを指南する服装読本の類を読んでいると、こんな教えに出あうことが少なくない。

「自分をよく知りなさい」

体格、似合うものとそうでないもの、くせ、嗜好、社会的立場など、経験を積み重ねておのれをよく知ることがひいてはいい男を作る第一歩であるとか。

なるほど、一理あるかもしれない。しかし、ダンディズムの歴史にシウラ・グランデ峰[註]のごとくそびえたつキング（ブランメルを神とすれば位置づけだが）のお言葉はこうである。

（註……シウラ・グランデはペルー・アンデス山脈で二番めに高い山。登山家ジョー・シンプソンの著書『虚空にふれる *Touching the Void*』の舞台として有名になった。同書は二〇〇三年に映画化されている（『運命を分けたザイル』）。登山家がなぜ好んであんな危険な山に登ろうとするのか理解できない人がいるように、ダンディがなぜわざわざ世間を挑発して破滅の淵に身をさらそうとするのか、理解できない人も多いのだろうと思う）

「浅はかな者だけがおのれが何者かを知っている」

また、世の流行はいちおうおさえておくべき、という小市民的な心構えに対しては、キングの考えはこうである。

「流行とは自分が身につけているものをいう。流行おくれとは、他人の着ているものをさす」

それでもまだ「世の中の意見」は無視できないとぐずぐずしているあなたに対しては、キングの次のお言葉を捧げよう。

「世論とは、思想のないところにのみ生まれるものである」

いやもう痛快このうえない警句、逆説を駆使して隠れた真実をついてくるこのダンディの王様こそ、オスカー・ワイルド（Oscar Wilde 一八五四―一九〇〇）である。

「人は芸術品になるか、さもなくば芸術品を着なければならない」とうそぶいて、芸術品をまといつつ唯一無二の芸術品になったばかりか、才知縦横の超一流の小説、戯曲などの文学作品も数多く残した、十九世紀のイギリスにおけるもっともスキャンダラスなダンディにして芸術家である。

その生涯もまた、芸術作品と呼べるかもしれない。「芸術とはこの世で唯一のまじめなものである。そして芸術家とは決してまじめであったためしのない人間である」などと周囲を煙に巻きつつ、偽善に満ちたヴィクトリア朝社会を挑発しつづけた。戦略的に才能を世に知らしめて時代の寵児となり、栄光の絶頂へと昇りつめるも、男色の罪で逮捕され、国家を敵にまわした裁判を経て投獄されるというどん底に落とされた。そのすべての過程が、後世のダンディズムの学徒のハートを揺さぶり、昂揚させ、締めつけてやまない。

存在そのものの迫力、けれんたっぷりの魔術的な言語力、そして真にヒューマンな愛を隠した人工的な偽悪的ポーズをもって、誇り高く抵抗する態度を芸術的に貫いたダンディ、オスカー・ワイルドとはどのような男だったのか。

うわさされるよりもさらに悪いことはうわさされないこと

オスカー・ワイルドは一八五四年、アイルランドのダブリンに生まれる。父は高名な医師、母は政治運動やフェミニズム運動にも参加するインテリで、この母から「贅沢」を教え込まれたという。ダブリンのトリニティ・コレッジで学んだ後、一八七四年、オックスフォード大学のモードレン・コレッジに入学する。

名門貴族の子弟がぞろぞろ通うオックスフォード大学のなかで、すぐにワイルドは話術によって頭角をあらわしたようだ。スポーツはイギリス紳士の基本的たしなみであるわけだが、運動嫌いのワイルドはボート練習に誘われたとき、「わたしにとって唯一の運動はトーク（話すこと）であり、ウォーク（歩くこと）ではない」などと答えたりして。また、コレッジの教師ウィリアム・アレンに対して傲慢になっていったワイルドに対し、学長がみずから「ミスター・ワイルド、君の態度はジェントルマンに対する態度ではありませんぞ」と注意するのだが、そのときのワイルドの反応もいかしている――「しかし学長、アレン先生はジェントルマンではありません」。いやこういう返答は、いかすというよりイケズ？

途中、停学処分や奨学金停止処分を受けたりしながらも、オックスフォードを卒業し、一八七九年、ワイルドはロンドンに居を構える。「詩人か、作家か、劇作家になる。なんでもいいが、とにかく名を上げる。有名（フェイマス）でなければ、悪名（ノトリアス）で」という確たる目的を胸に。

ディズレイリら先輩ダンディの例にもれず、ワイルドが名を上げたのも、まず悪名によってであった。けばけばしく人目をひく服装で社交界を泳ぎまわり、人々を驚かせ、うわさの的になったのである。男性服が黒一色になっていた時代に、大きな襟のついたヴェルヴェットの上着、ニー・ブリーチズ、シルクストッキング、サテンのグリーンのタイ……。この時代錯誤的な服装はいちおう彼なりの美学的主張、「唯美主義（Aestheticism）」にのっとったもので、唯美的衣装（Aesthetic Dress）とも呼ばれていた。

まだワイルドは本の一冊も出してはいなかったのに、唯美的衣装と華やかな交友関係（当時の

オスカー・ワイルド。その作品にもまして、彼の人生そのものがドラマティックで破滅的な芸術作品であった。黒一色になっていく男性服に異を唱え、ヴェルヴェットの上着、膝丈のズボンという「唯美主義的衣裳」を着て世間を驚かせ陶酔させる。

人気女優リリー・ラングトリーやサラ・ベルナールも含まれる)、鮮やかな警句で、うわさ好きなメディアの格好のネタとなる。「パンチ」誌でからかわれ(ヒマワリにされたワイルドの戯画の下に「唯美主義の芸術家! 大切なのはナカミだ。詩人はワイルド、だけど彼の詩はタイクツ」と書かれる)、ギルバート&サリバンのオペラ『ペイシャンス』で唯美主義を皮肉られて、オスカー・ワイルドの悪名はあっという間にとどろいた。そこへ最初の詩集を自費出版するや、批評家の酷評にもかかわらず、よく売れたのである。一八八一年のこと。なるほど、悪名は無名に勝る……。

ワイルドの評判はアメリカにも広まり、アメリカ・カナダ講演旅行の依頼が来る。ニューヨークの税関を通過するときにすら、彼は税関役人にサービスの一言を言わずにはいられなかったようである——「申告するものは何もありません。私の才能を除いては」。その才能をフルに発揮し、華麗な衣装と重厚なトークで聴衆を陶酔させ、ワイルドはスターになり、大金を得る。税関役人は、申告された才能に課税しておくべきだったかもしれない。

わたしは何事にも抵抗できる 誘惑を除いては

一八八四年、ワイルドは弁護士の娘コンスタンス・ロイドと結婚、翌年、長男シリルが誕生し、その次の年、次男ヴィヴィアンも生まれる。子供の誕生とともに、ワイルドは講演中心の生活から執筆中心の生活に本腰を入れはじめ、童話集『幸福な王子』(一八八八年)、唯一の長編小説『ドリアン・グレイの肖像』(一八九一年)、喜劇『ウィンダミア夫人の扇』(一八九二年)、一幕恋愛劇『サロメ』(一八九二年)を発表。サラ・ベルナールが主演した『サロメ』は上演禁止となる(これも話題のうち)。さらに、『とるにたらぬ女』(一八九三年)、『理想の夫』(一八九五年)、『まじめが肝心』(一八九五年)……と、警句と逆説をきらびやかにちりばめた風俗喜劇をたてつづけに発表し、当代でもっとも人気を集める一流の劇作家としてまたたく間に栄光の頂点に立った。

旺盛な創作活動を支えるのは充実した愛情生活(Love Life)、とまことしやかに言う人もいるが、もしワイルドにその説があてはまるとするならば、彼のラブ・ライフを豊かにしたのは、妻のコンスタンスではなかった。結婚二年目にしてすでに彼はコンスタンスに幻滅を感じ始め、八六年、ロバート・ロス(通称ロビー)というオックスフォード出身の青年と親密になり、彼との愛に夢中になっていく。ワイルドの死後、最初の『オスカー・ワイルド全集』を編纂したのはほかならぬロビーである。

やがて、誠実なロビーとワイルドのあいだに、美青年が割り込んでくる。クイーンズベリー侯爵の末息子、アルフレッド・ダグラス卿(通称ボジー)である。オックスフォード大学モードレン・コレッジに在学中だったボジーは、九一年、『ドリアン・グレイ』に魅了されてワイルドを訪ね、翌年、二人の関係は急速に進展する。十六歳年下のこの小悪魔的無責任坊やボジーこそ、ワイルドを破滅に導くファム・ファタールならぬオム・ファタールとなるのである。「わたしは何事にも抵抗できる。誘惑を除いては」。そんなしゃれたせりふで人々を魅了したワイルドだが、皮肉なことに、ボジーの誘惑にはほんとうに抗えなかったのである。

ボジーはワイルドを男娼館やホモセクシュアルの乱交パーティーに誘い、しだいにワイルドのまわりには彼を金づるとしか見ないその道の少年たちが公然とたむろしはじめる。自然とよからぬ風評が立つわけであるが、それを耳にしたボジーの父、クイーンズベリー侯爵が、息子を堕落させているのはワイルドであると思い込むにいたる。ワイルドにストーカーまがいの嫌がらせを続け、耐えかねたワイルドは侯爵を「侮辱罪」で告訴する。侯爵のほうは政界工作をなし、ワイルドに不利になる証人を多数用意して迎え撃ち、結果、侯爵は無罪となってしまう。いやそれどころか、じつはどうやらこの裁判の陰にはイングランド政府と侯爵が結託した巨大な陰謀が張り巡らされていたらしく、この公判のどさくさにまぎれて、逆にワイルドは国家権力によって逮捕されてしまうのである。

一八八五年に刑法が改正され、同性愛者を厳しく罰する法律が作られていた。が、ひっかかるのは小物ばかり。政府としてはこの修正法を広く知らしめる必要があった。国民的大スターであったワイルドに適用すれば、その宣伝効果ははかりしれない。ヴィクトリア朝の道徳を愚弄し続けてきたワイルドであればこそいっそう……。

ワイルド裁判の罠

ワイルドをここに陥れたそもそもの元凶、薄情ボジーは、公判中何をしていたかといえば、なんとフランスに逃亡していたのである。それでもワイルドはボジーをかばい続ける。自分の立場が不利になることなどおかまいなしに。侯爵に買収されて自分に不利な証言をする少年たちとの交際についても、自己弁護などいっさいおこなわない。

しかし、知の遊びの余裕などかけらもない法廷という場所では、ワイルドの潔くもウィットに富んだ答弁が、悔しいことに、ワイルドに不利に不利にと働いてしまう。

たとえば、海浜リゾート、ブライトンに連れて行ったある新聞売りの少年との交際をめぐる、クイーンズベリー側弁護士カーソンとのやりとり（山田勝『オスカー・ワイルドの生涯』ＮＨＫブックス）。

カーソン：彼にブルーのサージのスーツを買ってやっていますね？
ワイルド：はい。
カーソン：それに赤とブルーのバンドのついた麦わら帽子も？
ワイルド：あれは、選択を間違えました。
カーソン：あなたは新聞売りの少年をドレスアップさせてブライトンに連れていったわけですね？
ワイルド：そういうことではありません。わたしは彼にみっともない恰好で恥ずかしい思いをさせたくなかっただけです。

また、馬丁や御者の少年との交際をめぐる次の答弁。

カーソン：馬丁や御者をもてなして、何が楽しいのですか？

ワイルド：私にとって楽しいのは、若くて明るく、幸福そうで、無頓着で、自由な人々と一緒にいることです。私は分別くさい人間や老人は好きではありません。

現代ならば、労働者階級を蔑視するカーソンの鼻持ちならない態度のほうがバッシングものなのだが、当時、この答弁から浮かび上がったのは「下層階級の少年との不自然な交際」にふけるワイルドの男色疑惑のみ。とどめは、ウォルター・グレンジャーという十六歳の少年との交際をめぐる質疑応答である。

カーソン：あなたは彼にキスしました？

ワイルド：まさか、そんなことはありません。彼はきわだって不細工でしたからね。

ワイルドの戯曲ならばここで爆笑が起きるところなのだが、しゃれの通じぬ法廷では「美少年だったらキスしていたのか」と解釈されてしまう。ダンディの知が冴えれば冴えるほど、逆にそれが、ぎりぎりと彼を追い詰める罠になっていくという不条理。

一八九五年五月二十五日、ワイルドに有罪の判決が下され、懲役二年の重労働刑が言い渡される。結局、この二年間の劣悪な環境下での重労働が、精神的にも肉体的にも経済的にもワイルドをぼろぼろにしてしまう。

ワイルド裁判の記録を読みながら胸に迫ってくるものは、われながら驚いたのだが、背徳者の挑戦的な堕落の美でもなく、時代に反逆するダンディのかっこよさでもない。ワイルドの浪花節的な人のよさ、不器用なほどのあたたかさなのである。自然にわき起こる自由な欲求に忠実に生き、人間の知性の力を信じきっているという点で、ワイルドは時に無防備なほどナイーブにも見えるのである。

「人生における第一の義務は可能なかぎり人工的であることだ。第二の義務はまだ見つかっていない」――こう言って装われつづけた人工的で挑発的な偽悪のポーズには、案外、照れ隠しもほんの少し、まじっていたのかもしれない。

No.8 異常な時代に平凡を貫いたダンディ、サー・マックス・ビアボウム

平凡なことに対する分別は重大なことに対する無分別に優る

ブランメル、リットン卿、ディズレイリ、ドルセイ伯、バルザック、バルベイ＝ドールヴィイ、ボードレール、そしてワイルド……。

これまで紹介してきた十九世紀のダンディたちである。人々の注目を一身に集め、カリスマ的な影響力を発揮するダンディは、後世の目から見ると、ため息がでるほどかっこいい。意志的で、波瀾に富み、密度の濃い彼らの人生や作品は、熱く語り広めずにはいられない。

しかし、と、小さな疑問が胸をかすめる。

彼らには、幸福という言葉が似合わないのである。いや、そもそもメンズファッション史における英雄たるダンディたちに、凡庸で小市民的な幸福などというものを求めることじたい、間違いであることは承知している。それに、情念の十全なる発露という点からみれば、虚栄心であれ享楽欲であれ名誉欲であれ表現欲であれ、おのれの欲するところを極めきった彼らは凡人の手の

届かないハイレベルの「幸福」を味わったのかもしれないのである。

それでも、借金取りから逃れるようにして不名誉な最期を遂げたブランメル、元妻からも同時代のインテリからも罵倒され続けたリットン卿、愛する人まで破滅に巻き込んだドルセイ伯、阿片にどっぷり浸かったボードレール、国家を敵に回してぼろぼろにされたワイルド……と激しすぎるダンディたちの人生をたどってくると、さすがに少し、ぐったりすることもある。

もっとふつうの男性が共感できるような、ささやかなダンディズムの模範というものはないのか？　小市民的な幸福と両立可能な、いわば、リアル・クローズならぬリアル・ダンディズムの例というものは？

それが、あったのである。

多彩な才能を無理なく発揮しつつ、同時代人を挑発しすぎず楽しませ、愛する女性と結婚し、風光明媚な外国の地に幸福に暮らし、晩年には本国で叙勲され、まわりの人々も自分も幸せにした、すがすがしい春風のようなダンディが、いたのである。

その人こそ、サー・マックス・ビアボウム（Sir Max Beerbohm　一八七二―一九五六）。批評家にしてエッセイスト、小説家にしてカリカチュアリストであり、ダンディズムの歴史においては、「比類なきマックス」として特異な位置を占める。

彼らしいお言葉のひとつに、こんなものがある。

「平凡なことに対する分別は、重大なことに対する無分別に優る」

エキセントリックの度合いを競いあうようなダンディズムの歴史にあって、癒しのダンディズム、とでも呼びたくなるビアボウムの比類ない態度は、いかにして生まれ得たのだろうか。

イエロー・ナインティーズのデカダンス

ダンディズムとは、反逆の精神的態度でもある。

ビアボウムが端正な礼儀正しさを貫いてダンディと呼ばれ得たのは、時代がその逆を行っていたからにほかならないのだが、では、彼が頭角をあらわした一八九〇年代とはどんな時代だったのか。

一八九五年四月五日。ロンドンのカドガン・ホテルでオスカー・ワイルドが逮捕されたとき、彼は一冊の黄色い表紙の本を抱えて警官に同行する。新聞が報じたこの本のタイトルは『イエロー・ブック』。

本というよりも正確には季刊誌だった『イエロー・ブック』とは、一八九〇年代、いわゆる「世紀末」を象徴する文芸誌である。

一八九四年の創刊号には、オーブリー・ビアズリーによる妖しくも病的な挿絵、アーサー・シモンズによる娼婦との一夜を讃えあげる詩「ステラ・マリス」など、不健康で不道徳な気配が濃厚に漂っていた一八九〇年代を代表する画家、作家の作品が収録される。

「この種のものをすべて違法とする法律を制定せよ」と批判する新聞もあれば、「パンチ」誌のように、オーブリー・ビアズリー（Aubrey Beardsley）をもじって「オーフリー・ウィアドリー（Awfully Weirdly）」（とんでもなくブキミ）と揶揄するメディアもあった。しかし、激しい非難にもかかわらず、というか、おそらくそんな非難ゆえにいっそう、この雑誌は商業的な成功をおさめた。

そんな時代のムードを表現する言葉のひとつが、ほかならぬ「デカダンス」である。

その芽が生まれたのは、ボードレールの『悪の華』（一八五七年）であっただろうか。ヴェルレーヌ、ランボー、ゴーチエに深められ、『さかしま』（一八八四年）のユイスマンスにいたって頂点（というか退廃のどん底？）をきわめたフランスのデカダンスは、イギリスにも波及し、アーネスト・ドーソン、アーサー・シモンズ、オーブリー・ビアズリーらによってさらに推し進められていた。

文学上の運動ばかりではなく、現実にも「ゆるやかな自殺」にすすんで向かっていく人々が増加していた。その方法は、たとえば大量の喫煙、アブサン（Absinthe アルコール分約七〇％の緑色のリキュール）、オピウム（阿片）への耽溺……。彼らのすさんだ胸のうちを代弁する者は、やはり元祖ボードレールだろうか。『悪の華』序文にこんな一節がある。（堀口大學訳『悪の華』新潮文庫より引用）

特別に醜くて、性悪《しょうわる》で、不潔な奴《やつ》が一ついる！
こ奴《やつ》、大してあばれもしない、大きな叫びも立てないが、

そのくせ平気で地球をほろぼし
欠伸《あくび》しながら世界を鵜呑《うの》みにするくらい平気の平左。
こ奴、名は「倦怠《アンニュイ》」！　がらになく目もとうるませ、
水煙管《みずぎせる》吸いながら、断頭台を夢みてる。

実用・効率至上主義へと突っ走っていく社会において、「役に立たない」自分の存在価値などますます小っぽけなものになっていく……と感じた人々に、この「アンニュイ」が、流行病のようにとりついていくさまを想像するのは難しくない。
思えば、オスカー・ワイルドは「自然のままでは無価値な人生を人工的にすることで、人生を芸術作品にする」というポーズを示すことで、功利主義社会にもこの時代病にも敢然と抵抗した「健康的な」ダンディであったともいえるわけであるが、ああ、そのワイルドだって「すべての芸術は役に立たない」と言っている。役に立つか、立たないかという尺度が世を支配する限り、どうあがいたって無意味ではないか。じゃあ、アブサンもう一杯おくれ……。

ワイルドからビアボウムの時代へ

実は、ワイルドが手にしていた「黄色い表紙の本」は『イエロー・ブック』ではなかった。新

聞が『イエロー・ブック』と報じたこの本は、たまたま表紙が黄色だったフランスのピエール・ルイスの小説だったのである（ルイスは今もカルト的人気を集める作家で、日本語ではたとえば生田耕作訳『女と人形』などが読める）。

ワイルドは、世紀末のセレブ中のセレブであったのだから、当然『イエロー・ブック』に執筆していてもよさそうなものだが、『イエロー・ブック』からワイルドへの原稿依頼は来なかったのである。

当時最大の話題をふりまいた雑誌から執筆依頼が来ない、ということは時代の寵児のプライドをいたく傷つけたらしい。逮捕された時に「黄色い表紙の本」をつかんで出たのはワイルドなりのリベンジであったかもしれない。

誤解とはいえ、「男色の罪」のイメージと分かちがたく結びついてしまった『イエロー・ブック』は激しいダメージを受け、ほどなく廃刊に追い込まれる（一八九七年まで発行）。ワイルドのリベンジが功を奏したのか、あるいは時代がすでに別の方向へ向かい始めていたのか……。

ワイルドに代わって、というわけではないが、創刊号『イエロー・ブック』に「化粧の擁護」というエッセイを寄稿し、ばかばかしいジョークをちりばめて人工的な手管を礼賛してみせ、同時代の批評家を呆れさせて話題になった書き手は、オックスフォード大学を出るか出ないかぐらいの、礼儀正しい丸顔の青年、マックス・ビアボウムであった。

ダンディズムは作りこまれた個性の結果
個性そのものの発露ではない

ビアボウムの才が世に知られはじめたのは彼が二十一歳のとき、オックスフォード大学の学内文芸誌（編集したのはあのボジーことアルフレッド・ダグラス卿！）に発表した「現代服の比類なき美しさ」と題されたエッセイによってであった。「比類なき（incomparable）マックス」というあだ名はここに由来するようである。卒業後、一八九五年、アメリカに渡り、その翌年「ダンディーズ・アンド・ダンディーズ」というエッセイを発表（彼の最初の本『マックス・ビアボウム作品集』の巻頭を飾る）。このエッセイが、誰も彼もがデカダントなダンディになろうとやっきになっていた時代の目をはっと覚まさせることになる。

なんとこのエッセイで、ビアボウムはダンディズムを「過去の遺物」として嗤ったのである！思えばリットン卿からワイルドにいたるまで、ダンディズムについて書いてきた作家は、ダンディズムをシリアスに扱ってきた。あるときは理想的態度として、または快楽追求の思想的武装として、さらには社会に脅威を与える抵抗の手段として……。時代が下るとともに、ダンディズムは、重い精神的価値を幾枚も重ね着し、暑苦しく肥大化していった。世紀末には思想や文学までまといつき、何やら神秘的なものに化けていた。

ビアボウムはこれを鼻であしらったのである。仰々しいダンディズムの時代は終わった、と。

サー・マックス・ビアボウムの自画像。自らをカリカチュアの対象にしてなお抑制の効いた軽やかさ。良き趣味、知性、人間性の円熟がうかがえる。

その議論の拠り所として彼が復活させたのが、「原始ダンディ(ur-dandies)」ことブランメルおよびリージェンシーのダンディたちである。

ブランメルのダンディズムのエッセンスはあくまで服装術にあったのであって、余計な精神的価値など無関係だった、と彼は強調する――「ダンディズムとは、注意深く作りこまれた個性の結果であって、個性そのものの発露などではけっしてない」。

ブランメルの際立った長所として語り継がれる「人生に対する、斜に構えた態度」に関する神話も、ビアボウムはひっぺがす――「そんな態度は別にダンディに特有の態度というわけではない。およそ繊細な精神の持ち主ならば誰でもそういう態度をとるものだ」。肩いからせて斜に構え、デカダンスを気取っていた当時のダンディ志願者たちにキツい一撃。

ここでお気づきのように、ビアボウムは、ブランメルを引き合いにして世紀末のダンディを嗤うばかりか、当のブランメル自身をも嗤っているのである。さらに嗤いの対象になるのはカーライル、ワイルド、エドワード七世といったアンタッチャブルな著名人たち、さらに自分自身……。マチュアで、誠意ある態度でもって著名人たちをカリカチュアや嗤いの対象にする知的な手腕もさることながら、同時代人を驚かせたのは、完璧にセルフコントロールのいきとどいたビアボウムの態度や物腰であったらしい。効果を狙って緊張するということが一切なく、非の打ち所のないマナーを身につけ、すでに二十代前半にして「完成されたパーソナリティーの持ち主」という評判を勝ち取っていた。賞讃された服装の趣味は、現在も「ヴィクトリア&アルバート・ミュージアム」に展示される彼のスーツやステッキからうかがい知ることができる。

これぞ比類なき凡庸

ビアボウムと従来のダンディとの違いは、そんな「ダンディとしての評判」を何の役にも立てようとしなかった点にもある。中産階級の地位に不満を抱くことなく、社交界はおろか、政界や文学界に進出しようなどという野心もスノビズムも、ビアボウムはもたなかった。劇評やエッセイ、パロディ小説やカリカチュアを軽やかにこなしながら、アメリカの女優フローレンス・カーン（ヒッチコックの『間諜最後の日』に出演している）と結婚し、結婚後はロンドンを離れてイタリアのラパロ近くで幸せに暮らす。一九三五年からはイギリスのＢＢＣラジオで時折、トークを披露している。一九三九年には国王ジョージ六世からナイト爵に叙せられている。

「何の役にも立たない」おのれを憐れんでアブサンに溺れるデカダント・ダンディを横目に、ビアボウムはリージェント・ストリートの「カフェ・ロワイヤル」のテーブルにつき、タバコの煙が覆うエキゾチックな天井を眺めつつ、深呼吸してつぶやくのである。「これこそが、わたしの人生だ」と。

No.9

スポーティーなエレガンスで世界中を魅了した
エドワード七世

「永遠なる母」と六十歳の皇太子

母が長寿で、現役で活躍している。多くの息子にとってはうれしいことであろう。だが、必ずしもそれを喜ばしく思わなかった息子が、少なくとも一人、英国王室にいる。「英国広しといえども、永遠なる母に悩まされているのは私くらいのものだろう」と苦々しげに言うその息子は、エドワード七世（Edward VII 一八四一―一九一〇 在位一九〇一―一〇）、通称バーティー（Bertie）である。

「永遠なる母」とはあのヴィクトリア女王。八十二歳の長寿をまっとうし、実に六十四年間も王位にあった。女王はもちろん輝かしい治績を残したわけであるが、王位継承者としての皇太子エドワードに与えた影響は、はたしていかなるものであったろうか。

生まれてからずっと次代の国王として徹底的な教育を受けながら、庶民ならば「定年」を迎えるはずの六十歳になるまで、延々と王位継承者としての「見習い期間」なのである。

ようやく国王になれたと思ったら、まもなく足腰や内臓にガタが来はじめ、階段を上るにも手助けを必要とするようになる。そんな状態で、しかも十年にも満たない治世の間に、母王ほどの輝かしい治績は記されるはずもない。

だから、一般の表向きの英国史においては、エドワード七世の時代は、ごくあっさりと「第一次世界大戦前夜の平和を享受した短い時代」としか記述されないのが常である。

しかし、である。メンズファッションの歴史においては、エドワード七世の時代（とりわけ皇太子時代）はエピソード満載の一大変革期なのである。現代にその伝統が続く男子服の基本的了解事項をいくつも作ったエドワード七世は、二十世紀の偉大なるダンディのひとりとして、メンズファッション史に輝かしい「業績」を残す。

やんごとなき身分。高い経済力。ありあまる閑暇。もてあますほどのエネルギー。そして快楽志向。

ファッションリーダーに不可欠なこの条件をすべてそろえた皇太子は、政治的には大きな仕事をしなかったかもしれないが、いや、おそらく政治抜きだからこそいっそう、ファッションリーダーとしての注目を世界から浴び続けた。

現代ファッションの源流のひとつ「エドワーディアン・スタイル」を生んだダンディ、エドワード七世とは、どのような男だったのだろうか。

王妃と愛人たち

「エドワードの人生は、ありとあらゆる快楽を一巡りする長い散歩道のようなもの」とは『英国王室スキャンダル史』（河出書房新社）を書いたケネス・ベイカーの表現である。

贅沢な食事と酒、観劇、狩猟、競馬、パーティー、賭け事、ヨット、人妻との恋愛や娼婦との戯れ、そうした気晴らしを盛り上げる美しい服飾品……。

気晴らし。ありあまる閑暇をもてあまし、永遠なる母のストレスにさらされていたバーティーのこんな浮かれ騒ぎの日々には「気晴らし」という言葉がよく似合う。

そして、「気晴らし」を英語にすると〝sport（スポーツ）〟となる。（気持ちを）どこか遠くへ連れて行く、という意味の disport に由来する sport は、日本語で理解されているようなアスレチック系の運動ばかりではなく、気晴らし的な娯楽を広く意味する。だから競馬や狩猟がスポーツなのはもちろんのこと、女性を追いかけるのも「スポーツ」だし、新しい服を見せびらかすのも「スポーツ」なのである。

そんな「スポーツ」のなかでもパーティーがとりわけ熱心なプレイヤーとして名高かった分野が、人妻とのアフェアや娼婦とのお遊びである。

バーティーはいちおう、二十二歳のときに、デンマークのアレグザンドラ王女を妃に迎えている。妃は遺伝性の病気が原因で少々耳が遠かったことをのぞけば、「他に比べようもない魅力ある女性」として誉れ高かった。当時の女性のファッションリーダーとしても君臨し、パールを首にチョーカーのように巻く「ドッグ・カラー」を流行させたりもした。

誰からも愛されたアレグザンドラ妃との間に三男三女をもうけたのだが（長男アルバートは二十八歳で病死、末子は出産の翌日死亡）、そんな妻の魅力をもってしても、バーティーの女道楽は止むことがなかった。

公然と連れまわした愛人のなかでも最初に有名になった女性が、女優リリー・ラングトリーである。リリーはベルファストの造船家の妻であったが、バーティーはアスコット競馬場やパリのマキシムに連れて行き、リリーが舞台に立つ手助けもしている。おかげで彼女は生まれ故郷ジャージー島にちなんだ「ジャージー・リリー」として人気女優に。

次に有名になった愛人が、二十歳年下のデイジー・ブルック。ロンドン社交界の花形で、のちにウォリク伯爵夫人となる女性である。

そして最後の愛人として名高いのが、軍人の妻、アリス・ケペル夫人。ケペル夫人は宮中にも公然と出入りし、正妻のアレグザンドラ王妃も彼女をていねいに扱ったようだ。エドワードが危篤に陥ったとき、アレグザンドラ王妃はケペル夫人に最後の別れの機会を与えたという（あっぱれ、アレグザンドラ）。

ちなみに、二〇〇五年、五十歳代後半にして三十五年越しの恋を実らせて英国皇太子と再婚したコーンウォール公爵夫人、カミラの少女時代のアイドルは、このアリス・ケペルだったそうである。アリス・ケペルはカミラの曾祖母にあたる。カミラが好きだったというアリスの言葉は次のとおり。

「ロイヤル・ミストレスは宮中儀礼を第一と心得、あとはベッドにとびこむだけ」

コメントできないほど生々しい。

厳格な教育の皮肉で平和な帰結

そんな「スポーティーな」バーティーに対する母ヴィクトリアの評価は厳しかった。

そもそも、バーティーは生まれたときから次代のイギリス帝国の国王として、半端じゃない教育を受けてきた。最高のスタッフによる、綿密なカリキュラムに基づいた教育が授けられ、遊びにおいても選ばれた「ご学友」をあてがわれてスケジュールどおりに実施された。エディンバラ大学はじめ、オックスフォード、ケンブリッジ両大学でも学んでいるが、歴代の英国王の中でこんな「正規の」大学教育を受けたのはバーティーが最初である。

こんな完璧な教育を受けながら遊び好きの皇太子に成長してしまったのは、なぜ？

どうやら皮肉なことに、厳しい教育方針が、逆に彼を「遊び上手」に育ててしまったようなのである。うるさい親からの教育の押しつけに対し、普通ならば反抗しそうなものだが、バーティーは表向きおとなしく従った。が、スキを見て自分のお楽しみを上手に開拓していく術を学んでいったらしい。厳しい教育が、親の意図に反して「もっとも望まない」遊びの才能を育ててしまったともいえるわけである。母ヴィクトリアにとっては歯ぎしりするほど悔しいことかもしれないが、子供にとってこれほど「成功した」反抗があろうか。

しかも、母女王は、かくも高い教育を受けさせた皇太子に、一切政務には関わらせないという方針をとるのである。

唯一、許されたのが、非公式な大使として外国を旅行すること、いわゆる外遊である。彼はヨーロッパ各国をはじめ、インド、アメリカ、カナダ、パレスチナ、トルコ、エジプト、ロシア……と広い地域にわたって積極的に旅をし、各国要人との友好を深めたばかりか、各地にプリンス・オブ・ウェールズ（英国皇太子）のファンを増やしていった。

とりわけ頻繁に訪れた国がフランスである。パリのレストランや劇場に足しげく通ったほか、買い物を楽しんだ。なかでもひいきにしたのが宝石商カルティエで、一九〇二年の戴冠式には大量の宝飾品を注文し、一九〇四年にはロイヤル・ワラント（英国王室御用達の勅許状）を与えている。「宝石商の王であるがゆえに、王の宝石商」の名セリフも後押しして、各国の王室もカルティエに殺到するのであるから、逆にいえばカルティエの世界的名声の基礎はエドワード七世によって築かれたといっても誇張ではないかもしれない。

ともあれ、盛んな外遊の成果は、国王就任後、きな臭くなりつつあった国際関係におけるイギリスの地位を強化するような和親条約の締結となって現れる。あのバーティーが国王ならば、そのイギリスとは戦争したくないよね、というわけで、一九〇四年の英仏協商につづき一九〇七年の英露協商……。「ピースメイカー（平和創造人）・エドワード」のニックネームはこうしてつけられた。

プラクティカル・エレガンス

エドワード七世の皇太子時代には、今日的な意味でのスポーツも続々と誕生し、流行する。サイクリング、テニス、ゴルフ、ポロ、カヌー、セイリング、モータリング……。基本はあくまで紳士の余裕を示す「気晴らし」であるからして、当初はそれ専用のスポーツウエアなんて、ないのである。あくまで、汗なんか知らぬという顔で余裕しゃくしゃくで楽しんでこそ紳士の気晴らし。とはいえ、さすがにフロックコートでサイクリングは厳しい。

というわけで、紳士のスポーツの数々は、スポーツ専用ウエアを生むのではなく、既存のメンズファッションに快適さ（コンフォート）と機能性（プラクティカリティ）を加えることになる。快適な機能性を追求しつつ、エレガンスをけっして失わない装い。両立困難に見えるこの「プラクティカル・エレガンス」という理想を実現してみせたファッションリーダーこそ、ほかならぬエドワード七世だった。

彼が普及させたアイテムのひとつにノーフォーク・ジャケットがある。一八六〇年代から存在する、身頃にボックスプリーツがついた、ベルトつきのカントリーウエアである。

ノーフォーク・ジャケットの名前はノーフォーク州に由来する（他にも諸説あり）。ここに英国王室の別荘、サンドリンガム・ハウス（といっても宮殿）があり、王侯貴族はここで頻繁に狩

エドワード７世。60歳まで皇太子（プリンス・オブ・ウェールズ）のまま、ファッションリーダーとして君臨。スポーティで優雅なエドワーディアン・スタイルを生みだし、20世紀のダンディズムに「遊び上手」の一面を加えた。

猟を楽しんだ。一八九〇年代、彼がこのノーフォーク・ジャケットに幅広のブリーチズ（ひざ下丈の下衣）を合わせるスタイルをサイクリング用に着用すると、やがてポピュラーな街着になる。

このサンドリンガム・ハウスはまた、燕尾服に代わるくつろぎの夜会服、ディナー・ジャケット（アメリカ語でいう、タキシードのこと）の発祥にも関わる。サヴィル・ロウのテイラー、ヘンリー・プールの主張によれば、一八六五年、サンドリンガムの晩餐会用にというエドワード七世の注文に応じて作った上着こそ、ディナー・ジャケット第一号である。

また、美食家バーティーは、当然、太めになっていくわけだが、あるとき、食事中におなかがキツいと感じた彼は、ベストのいちばん下のボタンをはずした。この皇太子の振る舞いが、「ベストのいちばん下のボタンは留めないで着用する」という着装法をオフィシャルなものにし、この習慣は一九一四年までにすっかり定着することになった。

さらに、もともとスポーティーなアレンジとして生まれたトラウザーズの折り返しことトラウザーズ・カフスを公的な場で着用し、認知させたことになっているのも皇太子エドワード七世だし、トラウザーズにクリース（折り目）をつける習慣を広めたのもまたこの皇太子ということになっている。

リラックスしつつも端正さを失わないプラクティカル・エレガンス（機能的な優雅）。エドワーディアン・スタイルを貫くそのコンセプトは、百年経った現在なお、古びていない。

ダンディズムはどこへ

十九世紀のはじめに男の洒落者道として生まれたダンディズムは、十九世紀を通じて、個人の傑出の手段、反逆の精神的態度、快楽追求の思想的根拠、退廃のポーズ、神秘主義……と幾重にも重い価値をまとって肥大化し、世紀の変わる頃、マックス・ビアボウムによってあっさりすべてをはぎとられた。

とはいえ、ダンディズムの輝きはそこで消滅してしまったわけではない。軽やかになって、いったん本来の洒落者道に戻ったかに見えるダンディズムに、エドワード七世は、十九世紀にはなかった新しい要素をおおっぴらに加えたのである。

それは「ウーマナイザー（womanizer 恋愛遊戯をたしなむ男）」。十九世紀に闘いとられてきた多様な意味の痕跡を時折かすかにきらめかせながら、新たな要素を加えた二十世紀のダンディズムは、やがてジェイムズ・ボンドが開花させることになる。

No.10

ファースト・クラスの人生の旅人を演じたダンディ、

ノエル・カワード

わたしは世界一セクシーな男である

男の魅力をつくる要素のひとつに「自信」がある。

少しぐらい背が低かろうと、多少はげていようと、背筋がすっと伸びて、内からみなぎるような静かな自信をたたえている男は、それだけでなかなか魅力的なのである。

とはいえ、自信の「程度」がここまでいくとどうだろう。

「わたしは世界一セクシーな男である。もしわたしが本気を出せば、エリザベス・テーラーを誘惑してリチャード・バートンを忘れさせることだってできるだろう」

これであんぐりしてはいけない。

「わたしはケタはずれの才能に恵まれた男だ。才能がないフリをすることなんてできやしない」

ふつうの男が言えば「自信過剰」「勘違い男」と一蹴されてしまいそうな、嫌味きわまりないセリフである。ところが、これをギャグとしてではなく、万人に納得させてしまった稀有なダンディがいるのである。

その人こそ、ノエル・カワード（Sir Noël Pierce Coward　一八九九―一九七三）。

劇作家、作曲家、俳優、映画監督、国際的スターにして社交界のセレブリティ。

「わたしはスターの資質というものがどんなものかは知らない。だが、わたしにはそれがある」

艶やかに髪をなでつけたカワードがシルクのドレッシング・ガウンに身をつつみ、片手にタバコをくゆらせながらそう言い放つのは、実に絵になる。

だからこそ、一九二〇～三〇年代に「アンファン・テリブル（おそるべき子ども）」と称されるほどの驚異的な成功をおさめた彼は、同時代の男性ファッションにも多大な影響を与えずにはおかなかった。写真家で舞台衣装デザイナーのセシル・ビートンは書く。「すべての男性がノエル・カワードの外見をまねしはじめた。髪をテカテカになでつけ、手にはタバコか電話かカクテルをもって」

同時代人の憧憬の視線を心地よさそうに浴びる時代の寵児にとって、しかし、そんなキザなポーズや自信満々のせりふも、すべて「ごっこ」、演技にすぎなかった。

「わたしは人生をファースト・クラスで旅することに決めているからね」

完璧なイングランド上流階級のアクセントと話法、非の打ちどころのないアッパークラス的立ち居振る舞いで周囲を魅了しつつ、ファースト・クラスの優雅な旅を満喫したかに見えるカワードだが、実のところ、彼の生まれ育った環境は、ロウワー・ミドルクラスであったのだ……。

知らなくてもいいことばっかり学びすぎたのさ

一八九九年十二月十六日。クリスマス・シーズンに生まれたので「ノエル」と名づけられた男の子の父は、売れないピアノのセールスマンだった。母バイオレットの期待にこたえ、ノエルは早くから大きな野心を抱き、十二歳で少年俳優として初舞台をふみ、十八歳にして最初の戯曲を書く。

のちにカワード自身が体現する、ホンモノの上流階級以上の上流階級的振る舞い、そしてカワードが戯曲のなかで描く上流階級の習慣のディテールは、すべて彼が鋭い観察力をもって努力の末、習得したものだったのである。彼はうそぶく――「知らなくてもいいことばっかり、独学で学びすぎたのさ」。

ブレイクするのは一九二四年。

上流階級のセックスとドラッグを題材にした自作の『渦巻き *The Vortex*』において、デカダンを気取る息子ニッキー役で出演、ドレッシング・ガウン姿で難しい役どころを演じた。スキャンダラスなテーマとカワードの熱演はロンドン中の評判となり、芝居は二百二十四回の上演を記録する大成功をおさめる。

オフ・ステージでも、メディアのインタビューの際には、カワードはドレッシング・ガウン姿

ノエル・カワード。芸能界と社交界のスーパースターにして、「わたしは世界一セクシーな男である」と自負するこのプレイボーイは、シルクのドレッシング・ガウン姿で一世を風靡した。

でカメラの前に立った……というか横たわった。

ドレッシング・ガウンは従来、同輩もしくは目下の者との面会においてのみ着用してもよい、とされていたアイテムである。オン・ステージの退廃貴族のイメージに、オフ・ステージでの高飛車な有閑プレイボーイのイメージが加わったシルクのドレッシング・ガウンは、カワードのトレードマークとなる。服飾評論家ポール・キアーズは『英國紳士はお洒落だ』（出石尚三訳、飛鳥新社）のなかで、一九二四年の「ザ・サンデー・タイムズ」紙の次の記事を紹介する──「週刊誌の記事や噂を信じるならば、ノエル・カワードは花柄のドレッシング・ガウンを羽織ったままの姿で、朝食前に台本を書くそうである」。

かくしてシルクのドレッシング・ガウンのイメージは一人歩きし、朝飯前にちょちょいと仕事を片付けて自由きままに暮らす、才能あるリッチな高等遊び人を連想させることになる。のちに「プレイボーイ」誌の発行人ヒュー・ヘフナーもそのイメージに便乗、ドレッシング・ガウン姿で積極的に写真を撮らせたのはご存知のとおり。

仕事は〈お楽しみ〉よりもはるかに楽しい

さて、一躍知名度を高めたカワードのキャリアはますます絶好調。

一九二五年の『花粉熱 *Hay Fever*』も三百三十七回の連続上演記録を作ったばかりか、二九年の『ビター・スウィート *Bitter-Sweet*』では二年のロングラン、三〇年の『私生活 *Private Lives*』も初演で百一回、再演で七十六回のロングランというおそるべき記録を作る。三一年の『大英帝国行進曲 *Cavalcade*』の大ヒットに続き、四一年『陽気な幽霊 *Blithe Spirit*』にいたっては五年間に一千九百九十七回という異例の連続上演記録を達成。

作品の多くは映画化もされているが、なかでも三五年に書いた『静物 *Still Life*』という一幕ものはデビッド・リーン監督が『逢びき *Brief Encounter*』として映画化、二十一世紀の今なお永遠の古典的名作として愛されている。四二年の『軍旗の下に *In Which We Serve*』では監督(デビッド・リーンとの共同監督)・製作・脚本・音楽を担当したばかりか俳優としても出演し、アカデミー賞脚本賞を受賞している。

また、カワードが作曲した曲のなかには、「さよならのレッスン *I'll See You Again*」「眺めのいい部屋 *A Room with a View*」「マッド・ドッグズ・アンド・イングリッシュマン *Mad Dogs and Englishmen*」など、今もどこかで演奏されている親しみやすい名曲が少なくない。

それにしても、これだけの仕事をこなしつつ遊ぶ暇なんてあったのだろうか。カワードは語る――「人生を楽しむ唯一の方法は、仕事をすること。仕事は〈お楽しみ〉よりもはるかに楽しい」。

ドレッシング・ガウン姿の優雅な有閑プレイボーイという華やかな表の顔を支えていたのは、実際、何度か神経衰弱で倒れなければならなかったほどの、仕事へのたゆまぬ献身にほかならなかった。

『完璧なダンディになる方法 *How to Be a Complete Dandy*』の著者スティーブン・ロビンズは、そんなカワードを白鳥にたとえる――「カワードは社交界を優雅に泳いでいたように見えるのだが、水面下では、泳ぎ続けるために必死に小さな足を動かしていたのである」。

ブライト・ヤング・シングズ

さて、カワードが時代の寵児となった一九二〇年代後半から三〇年代はいったいどんな時代だったのか。

一九一八年に終わった第一次世界大戦によって、世界経済の中心はアメリカへ移り、もはやかつてのブリティッシュ・エンパイアの威光は失せつつあった。将校として戦地に赴いた貴族階級の子弟のうち五人に一人は戻らず、社会の秩序を守っていた古くからの暗黙の価値基準も崩れかけていた。

とはいえ、いつまでも戦争の痛手をひきずっているわけにもいかない。イギリス社会のハートの中心にぽっかりと開いた傷口、というものがもしあるとするならば、それを埋めようとするかのように、才能にあふれ、時代の先端を行くような美青年たちが世間を騒がせ始める。

人呼んで、ブライト・ヤング・シングズ（Bright Young Things　略してBYT）。

「輝ける若者たち」の典型とみなされた一人に、ハロルド・アクトン（Sir Harold Mario Mitchell Acton 一九〇四―九四）がいる。イブリン・ウォーの小説『ブライズヘッド再訪 *Brideshead*

Revisited』に登場するダンディ、アンソニー・ブランチのモデルとして知られる。イートン校、オックスフォード大学という伝統的なジェントルマン養成機関で学び、エキセントリックなのか知的なのかよくわからないふしぎちゃん的行動で数々の逸話を残すファッション・リーダーでもある。

アクトンが流行させた有名なファッションに、「オックスフォード・バッグズ」がある。バッグのように極端に幅の広いパンツのことで、短期間の流行ではあったが勢いはアメリカにも及び、最盛期の一九二五年には裾まわり一メートルを超える誇張型も現れている。

彼の「恋人」だったブライアン・ハワード（Brian Howard）もまた「完璧な経歴をもち、職業をもたない」というイギリス男子の一理想を体現した男で、片手間に詩作をし、会話の名手で、身体的な魅力にも恵まれた美青年だったが、五八年に自殺している。

彼らBYTの最大の貢献のひとつは、カクテル・パーティーを定着させたことであろうか。夕食前の華やかな時間を演出するカクテル・パーティーはイブリン・ウォーの兄、アレック・ウォーが一九二四年に「発明」したとされる。あらゆる趣向のカクテル・パーティーが各地で催されたが、時に乱痴気騒ぎも伴ったパーティーは「大人社会」からの批判も浴びた。まあ、それも自らの使命を「俗物たちを怒らせること」（アクトン）とする彼らにとっては名誉なことではあっただろうが。

カワードもまた、そんなBYTの一人として、ファッション・リーダーとしてもてはやされたわけである。彼が着用し始めたタートルネックのセーターは、大衆紙がいわば「セレブの愛用着」のようなノリで報じるや、たちまち巷に流行し、当のカワードが当惑の思いを記録するほど。ちなみにカワードの恋人たちもまた男性であった。ウィンザー公の弟、ケント公ジョージもその一人で、ケント公と交わしたラブレターが一九四二年、カワードの家から盗まれている。

そんな性癖はよく知られてはいたが、自らカムアウトするような不粋な真似はしなかった。カムアウトしない理由を聞かれてカワードいわく──「ブライトンにはまだホモセクシュアルとは何のことか知らない老婦人がいるからね」。

一杯のカクテルのようなダンディズム

「人生は〝ごっこ（make-believe）〟ゲームにすぎない」とカワードは『花粉熱』のなかで書く。内面の苦悩やシビアな現実という重たくて不可解なテーマをあまり好まず、演じられた仮面こそを重要視した。リージェンシー（ジョージ四世の摂政皇太子時代）を舞台にした戯曲『カンバセイション・ピース *Conversation Piece*』のなかで、彼はこんな戯れ歌を書いている。

ぼくらはリージェンシーの道楽者、
プライドは高くもっている
ぶあつい仮面の表面にね

この仮面のおかげで
ぼくらは自分の下品さを
直視しなくてすむのさ。

オフ・ステージのカワード自身も、生々しい人間くささやシビアな生い立ちなど周囲にかけらも感じさせることなく、水面下で半端じゃない努力をして、自信満々の成功したプレイボーイ・ダンディを、プライドをもって演じきった。

その覇者の仮面にも気の利いた警句の数々にも、ブランメルほどの攻撃的な傲慢さはないし、ボードレールほどの病的な退廃ぶりもなければ、ワイルドほどの鋭利な反逆精神もない。

いわば、それらすべてから苦味を抜き取り、屈託なく軽やかにシェイクして、なめらかに仕上げられたカクテルこそが、カワードのダンディズムであったともいえる。

「なにごとも真剣に受け止めすぎちゃいけない。入浴剤だけは別だけどね」とウィンクしつつ、ファースト・クラスでの優雅な人生行路を見せてくれたカワードの艶姿は、ハードな一日の夕方の一杯のカクテルのように、戦後の厳しい現実がもたらす苦悩などどうでもよいものに一瞬、感じさせてくれる効果も、ひょっとしたら発揮したのかもしれない。

註……カワードの言葉は“Barry Day, “*Noël Coward: In His Own Words*”（Methuen, 2004）より引用、訳は中野。

No.11

王位よりも、愛され支配される人生を選んだダンディ、

エドワード八世

自信のなさを魅力に変える男

ノエル・カワードを紹介するにあたって、「自信に満ちあふれた男は魅力的である」と書いた。そのペンの先も乾かぬ（?）間にこう書くのもいささか気が引けるが、念のためにお断りすれば、それは万人に通用する一般論ではない。実は男の「自信のなさ」もまた女性をひきつける強力な武器になることがあるのである。

たとえば、ヒュー・グラントを見よ。

けっして自分から押しの強いことをしでかしそうもない、どこか自信なげな態度と表情。嬉々として女性のわがままに奉仕してくれそうな、そこはかとないM的な気配（実態は知らないが）。こんな男性は、女の母性本能をくすぐる……といえば上品に聞こえるが、つまり、ひそかにS気質の濃い女性の征服欲をかきたててやまないことも少なくないのである。

そして、現代メンズファッションにいまだ多大な影響力を及ぼしている二十世紀最高のダンディこそ、ほかならぬこの種の魅力を備えた男であった。

その人こそ、エドワード八世（Edward VIII　一八九四―一九七二）、後に英国王を退位してウィンザー公（Duke of Windsor）となる人である。

皇太子時代、国王時代、ウィンザー公時代を通して、この人が流行させたものは、今も神話的な語り草となってファッション史に燦然と輝く。

「ウィンザー・ノット」と名づけられた、太い結び目を作るタイの結び方。

「プリンス・オブ・ウェールズ・チェック」と呼ばれた、大胆な格子柄。

幾何学柄をストライプ風に配した、カラフルな「フェア・アイル・セーター」。そしてそれを柄の異なるボトムやシャツと合わせる「パターーン・オン・パターーン」の手法。

ブラウン・バックス（茶のバックスキン・シューズ）をグレイのフランネルのスーツに合わせてしまうというような、人をあっと驚かせる「ブレーキング・ルール（型破り）」。

さらに、ベレー帽やパナマハット、ギリー・シューズやブローグ・シューズ、青メルトンのガーズマンコートなどの新しいアイテムへの、あくなき挑戦。

こうした数々のファッション・アイテムとともに熱く語られる高貴なるトレンド・セッターは、実は長い間、自信のなさとどう折り合いをつけるかに悩みつづけた男でもあったのである。

かわいい女の子よりも、経験豊かな人妻

一八九四年六月二十三日、ジョージ五世とメアリー王妃の長子として生まれたプリンス・エドワードは、当時の上流階級の慣習にならい、ナニー（乳母）に育てられ、両親とはめったに会わずに育った。

十二歳になるとロイヤル・ネイヴァル・カレッジ（海軍兵学校）に入学。同級生たちは世間知らずのプリンスに「サーディン（いわし）」というあだ名をつける。将来プリンス・オブ・ウェールズ（Prince of Wales）という称号をもらうことになるエドワードが、ウェールズと同じ発音のクジラ（whales）とは大違いのチビ、というあてこすりがあったようだ。

一九一一年ウェールズのカナヴォン城でプリンス・オブ・ウェールズに叙位されるが、そこでエドワードがとくに気にしたのは、テンのマントを羽織ったところを同級生に「仮装行列」と冷やかされはしないかということだったらしい。肖像写真の目元は、どこかおどおどとした印象である。

一九一二年オックスフォード大学に入学、学問はそっちのけで、チューターや侍従たちと郊外へ出かけ、ゴルフや乗馬や狩猟といった遊びの技能を磨いた。

第一次大戦後は各国を積極的に訪問し、はにかんだような笑顔で世界中を魅了、「比類なき君

主制度のＰＲマン」として内外で圧倒的な人気者となる。

二〇年代には「世紀の恋人」とまで騒がれ、各国の王女との婚約の噂が次々に流れたが、どれも噂どまり。それもそのはず、エドワードが求めた女性は若くてかわいい女の子ではなく、男性経験の豊かな人妻ばかりだったのである。

最初のお相手はフリーダ・ダドレー・ウォード夫人。下院議員の夫人で二児の母だったフリーダとは一九一八年に出会って以来、十四年続いている。

フランス人のマルグリット・ローラン夫人も愛人の一人。気性の激しい女性で、一九二三年、夫の浮気に腹を立てて（自分と皇太子の情事は棚に上げ）、パリのサヴォイ・ホテルで夫を射殺している。エドワードは彼女の血の気の多さに惚れ直し（?）、腕利きの弁護士を差し向けて彼女の罪を微罪にしてしまった。

大西洋単独飛行に成功したアメリア・エアハートも愛人だった。アメリカ人のセルマ・ファーネス卿夫人（Thelma Furness 一九〇四―七〇）とは、堂々と皇太子の別荘フォート・ベルベデーレで同棲を始めた。

こうした女性遍歴を見るに、どうやらエドワードの愛の対象になるのは、彼の自信のなさを補って導いてくれるような、経験豊かで強い支配力をもつ女性であったようだ。

そして、そんな力をきわめたような運命の人妻、ウォリス・シンプソン夫人（Wallis Simpson 一八九六―一九八六）と出会う。

ウォリスの超絶技巧
「殿下には失望させられましたわ」

このウォリスというアメリカ女性は、どうやら根っからの狩猟体質で、今で言う「小悪魔」というか「艶女」というか……。とびきりの美人でもなく、知的というわけでもないのに（本を読むのは大嫌いだったという）、自分を誰よりも魅力的に見せ、狙った獲物を必ず落とすテクニックにかけては天性の才能をもっていたうえ、努力も惜しまなかった。

十代の頃から人もうらやむボーイフレンドを手に入れてきたが、その技が高度である。まず相手を事前に徹底調査しておく。デートの際には相手の話にいちいち大げさに驚いてみせながら、仕入れた情報を駆使して話が通じる娘であることをアピールする。さりげなく相手の二の腕にふれ、どんな冗談にもおかしそうに笑い転げる。聞き役に回りながら相手の自尊心をくすぐりまくるこのテクニックで夢中にならない男はいない。おそるべし、ウォリス。

当然、華麗な青春時代を送り、最初の夫アール・ウィンフィールド・スペンサーと結婚するも、破局。別居中もさまざまな浮名を流すが、その間にもウォリスは男性をとりこにするテクニックを磨き続けている。その一つが中国へ行った際に娼館で学んだ中国式の閨房術である。男として自信のない客を歓ばせるための秘技という。なんというか、二十四時間態勢の男性支配塔ウォリスの完成、という感じである。

王冠より恋を選びウィンザー公夫妻となった、エドワード８世とウォリス。公は、皇太子時代から「プリンス・チャーミング」として世界中を魅了したファッションリーダーであった。

二人目の夫はアーネスト・アルドリッチ・シンプソン。妻子あるユダヤ人の実業家であったが、結果的にウォリスが「略奪」した形になった。しかし、ウォリスは獲得した男性よりも社交界でちやほやされる自分自身のほうを愛したようで、やがてロンドン社交界に強い憧れを抱き、ロイヤル・ミストレスだったセルマ・ファーネスに近づく。そして、ほかならぬこのセルマが、エドワードにウォリスを紹介するのである。一九三一年一月のこと。

ウォリスがエドワードと交わした最初の会話には、うならざるをえない（引用はチャールズ・ハイアム『王冠を賭けた恋』尾島恵子訳、主婦の友社より）。

「セントラル・ヒーティングが懐かしくはありませんか、ミセス・シンプソン」と儀礼的にたずねるエドワードに対して、初対面のウォリス、彼の〈支配されたい願望〉をすかさず感知し、いきなり女王様なひと言を返すのだ。

「残念でございますわ、殿下。私、殿下にはなんだか失望させられましたわ」

凍りつくとりまき。エドワード、たずね返す。

「どういうふうにでしょうか、ミセス・シンプソン？」

ウォリス、エドワードの瞳をじいっと見つめながら（これも基本テクニック）静かに答える。

「イギリスに来ると、アメリカの女性はいつも同じことを聞かれます。私はプリンス・オブ・ウエールズなら、もっと独創的なご質問があると思っていましたわ」

エドワード、はにかむように微笑む。

この瞬間、ウォリスはエドワードが自分の掌中に陥落《おち》たことを確信する。

愛する女性の助けと支えなしでは国王としての責務を全うできない

一九三四年、セルマがアメリカ旅行から帰ってくると、もはやエドワードの心は完全にウォリスに奪われていた。

その後のウォリスは堂々とロイヤル・ミストレスとして振る舞い、ロンドン社交界の女王として君臨するが、皇室関係者や政府の有力者とはことごとく対立する。

なんといってもウォリスはわがまま放題で、人前で皇太子にあれこれ命令し、皇太子がまたそれに嬉々として従っているのである。疲れて帰ってきたエドワードを足元にひざまずかせて、ハイヒールで蹴るまねもする。こうなると公然たるＳＭのプレイである。これまでエドワードを見守ってきた執事はじめ多くの使用人も辞表を出して去った。

にもかかわらず、相性抜群の二人は、片時も離れられないとばかり各地を旅行、イギリスの秘密警察に監視されながらも、エドワードは行く先々で「プリンス・チャーミング」の評判をますます高め、ウォリスもロイヤル・ミストレスの威光を満喫する。

が、そんな奔放な生活も皇太子だからこそ許されたまで。一九三六年一月、ジョージ五世が逝去すると、エドワード八世は王位についた。ウォリスとシンプソン氏の離婚も成立。エドワードはウォリスとの結婚を熱望するが、イギリス政府は「王妃となる人物ではない」という公式態度をとる。このカップルのナチス寄りの言動も、イギリス政府の外交方針と対立し、政治音痴な彼の立場を苦しいものにしていた。

「王冠か、恋か」の二者択一を迫られつづけたほぼ十一ヵ月後の十二月十一日、ＢＢＣラジオを通して、エドワード八世の退位声明が全英に流れる。

「国民の皆さんはすでに私が王位を捨てる理由についてはご承知のことと思う。愛する女性の助けと支えなしでは、国王としての重い責務を全うすることなどとうてい不可能なのである……」

かくして王位は次弟のヨーク公ジョージに継承され、何の心の準備もなかった彼がジョージ六世として即位。エドワードにはウィンザー公の地位が与えられて、とりあえずオーストリアに移り、一九三七年六月、フランス中部のシャトー・ドゥ・カーンデでウォリスとの結婚式を挙げた。

第二次大戦後はパリ郊外に居を定め、七二年に亡くなるまでの三十五年間、パグ犬たちとともに贅沢でちょっぴり退屈そうなリタイア生活を送りましたとさ。

一歩譲って愛されるが勝ち

エドワードは自著『家族の肖像 *A Family Album*』のなかで、「ガーズ・タイ（英国近衛旅団のタイ）」をめぐるエピソードを披露している。一九五二年、スウェーデンのあるゴルフクラブから招かれたとき、メンバー全員がこのタイを結んでいた。もちろん、エドワードも。ゲーム後、冗談めかして、「君たちにはこのタイを結ぶ資格があるのか？」と問うてみたところ、メンバーは同じ詰問を自分に返してきた。「これは当クラブのタイであって貴殿はメンバーではないではないか」と。エドワードはすぐに自分のタイをはずしてキャプテンに贈り、キャプテンもタイをはずして自分にくれた。こうして誰も恥をかくことなく体面は保たれた……。

おのれの正当なる主張を通して誰かを傷つけるくらいなら、自分が譲って皆の体面が保たれるほうを選ぶ……という態度は、王位を辞退してウィンザー公に叙せられ、英国政府の体面も自分の体面も保ったときの態度に通じるものがあるように見える。

自分に自信を与えてくれる強い愛の力ゆえか、エドワードはもう身の処し方をわきまえていた。彼にとっては、なまじ意志を押し通したり権威にこだわったりするよりも、一歩譲って愛される立場に回ったほうがはるかに大きな幸福が得られるのだ。

大胆で型破りな彼のファッションの数々は、「厳格な因習にとらわれているわたしのファミリーの世界を反映する窮屈な服装」（『家族の肖像』）に対する、ささやかな抵抗の精神の表れだったのかもしれない。

ウォリスの死後、一九八七年、エドワードがウォリスに贈ったカルティエやヴァン・クリーフ&アーペルズの宝石のコレクションがサザビーズの競売にかけられた。英王室の財産として相続されることが予想されていたそれら宝石の売り上げ総額五千百万ドルは、遺言にしたがってパスツール研究所にエイズ研究基金として寄付された。ウィンザー公夫妻を冷遇した英王室への、ちょっとしたリベンジにもなった。

No.12 破天荒な英国紳士の夢を体現するダンディ、ジェイムズ・ボンド

ウォッカ・マティーニ、ステアせず、シェイクして

モノがあふれかえる現代、「ダンディズム」を指南する本や雑誌記事のなかには、モノの選び方を懇切丁寧に教える記述が少なくない。

どのブランドのスーツをどこで注文すべきか。それにふさわしい靴や時計は。乗るべき車は。この料理にはどのワインを選ぶべきか……。このようなガイドには、ダンディとは「一流品」の何たるかを知り、それと対等につきあえる男のことである、という示唆がにじむ。

背景にコマーシャリズムが控えているかもしれないそのような「お墨付き」にほいほいしたがうという行為がはたしてダンディズムの精神にふさわしいのかどうかという問題はこの際まあ、さておき、ダンディズムにはたしかに、物質主義的な一側面がある。選ぶモノを通しておのれの優位を示すことは、「男はナカミで勝負」といった古来の精神至上主義に対するささやかな抵抗の手段になることもあるのかもしれないし。

十九世紀初頭にダンディズムが誕生して以来、静かに受け継がれてきたそんな物質主義的なスノビズムを、大々的に解放し、コマーシャリズムが群がるほどに魅力的な要素に変えることに成功したダンディの元祖はおそらく、英国生まれのスパイである。

ジェイムズ・ボンド。

誕生してから半世紀以上、不老不死で、同じようなことを繰り返しながら飽きられないどころか、文化、性別、階級、年齢などの壁を軽々と越え、ますます多くの人々に愛される「ブランド」として唯一無二の地位を獲得してしまった、驚異の男。

ボンドが身につけるモノ、選ぶモノが神話的輝きを帯び、それゆえ商業的にもヒットしてしまうという経済効果はいよいよ大きく、今では逆にそれを狙ったラグジュアリー・ブランドによるプロダクト・プレイスメント（映像の中に企業の商品を登場させる宣伝方法）の最高のターゲットにさえなっている。アストンマーチンやＢＭＷ、ロレックス（オイスター・パーペチュアル）やジラール・ペルゴといった高級時計、ダンヒルのライター、一九四六年のドン・ペリニヨンに五三年のムートン・ロートシルト、ブリオーニのスーツ、カルティエのカフリンクス、モーランド商会の金線入りタバコ、ピノー・エリクシールのシャンプー、ステアせず、シェイクしたウォッカ・マティーニ……。どこからどこまでがタイアップなのか、あるいはひょっとしたら今では映画全部が広告になってしまっているのかもしれないが、舞台裏のことはよくわからない消費者は、ボンドが選んだモノを、魔法にかけられたように崇拝する。

かくも絶大なる力をもつ一スパイの名は、実はアメリカの鳥類学者の名前に由来する。

『西インド諸島の鳥』を書いたジェイムズ・ボンド氏である。キスキスバンバン（美女とのお楽しみに派手な撃ち合い）をやらかすスパイの名は「山田太郎」みたいに平凡で特徴のない名前がよい、と考えたスパイメイカーは、たまたま本棚で目に留まったこの本の著者の名前を借りることにしたのである。

このスパイメイカーの名は、イアン・フレミング（Ian Lancaster Fleming 一九〇八―六四）という。

ボンド誕生の地は
ジャマイカの「ゴールデンアイ」

ジェイムズ・ボンドの生みの親、イアン・フレミングは「ボンドはわたしの願望」と言っているのだが、たしかにボンド像にはフレミング自身が投影されているところがなきにしもあらずである。ボンドの身長、髪型、瞳の色、女性観はフレミングと同じだし、フレミングは自分が好んで着た服をボンドにも着せている（たとえば軽い生地のダークスーツに黒のニットのシルクタイ）。経歴にも、どこかボンドチックな破天荒ぶりがうかがえる。

父は国会議員にして第一次大戦の英雄、ヴァレンタイン・フレミング、祖父は裕福な銀行家ロバート・フレミングで、イアンは富とステイタスに恵まれた上流階級の子弟として生まれ育った。九歳になるかならないかの頃、父が戦死（「タイムズ」にその追悼記事を書いたのは、ウィンス

イアン・フレミング。自身の経験と願望を投影したスパイ、ジェイムズ・ボンドこそ、ダンディズムに「一流品の選び方」という消費文化の視点を持ち込んだ元祖である。

トン・チャーチル）、イアンはジェントルマン養成機関であるパブリック・スクールの名門イートン校に入学する。

ところがそこで女性がらみのスキャンダルが発覚して退学させられ、陸軍士官学校で教育を受けることになるのだが、ここでも似たようなスキャンダルに見舞われる。続いてミュンヘン大学、ジュネーヴ大学で学んだのち、ロイター通信のモスクワ特派員として活躍。その後、母親の意向にしたがって銀行につとめたりもするが、第二次世界大戦が勃発すると、モスクワでの活躍に目を留めた海軍情報部にスカウトされ、中佐の地位を得て、当時スパイメイカーとして知られていたジョン・ゴドフリーの右腕となる。このＭＩ５の大ボスにウィリアム・メルビルという男がいたのだが、ほかならぬこのメルビルがボンド・シリーズに登場する「Ｍ」のモデルとなったという。

海軍情報部でのスパイ活動において、斬新なアイディアを次々に繰り出すフレミングの才能や読む人を楽しませるメモを書く文才は、すでに「フレミング・フレア（Fleming flair）」としてとどろいていたようである。

戦争が終わる直前、フレミングはジャマイカで催された海軍の会議へ赴き、パラダイスのようなこの地で暮らすことを計画しはじめる。そして戦後、ほんとうにジャマイカへ行き、家を買うのだ。この別荘につけた名が「ゴールデンアイ」（００７シリーズ第十七作目のタイトルは、この別荘に対するオマージュでもある）。

そこで浮かれて楽しく暮らす……はずが、不倫恋愛の末、妊娠させてしまった人妻、アン・ロザーメアと結婚することになってしまった。ボンドさながらに気ままに女性とのお楽しみを繰り返していた独身貴族も、四十三歳にしてついに結婚。式の前夜、「恐怖心に対する解毒剤として」フレミングは小説を書き始める。完成したスパイ・スリラーの題名は、『カジノ・ロワイヤル』。

こうしてボンド・シリーズが始まった。一九五三年のことである。

アナクロ&マッチョ

フレミングが小説を書いていたのは、処女作『カジノ・ロワイヤル』から一九六四年の『黄金銃を持つ男』までの、ほんの十一年間である（その後のジェイムズ・ボンドものは、フレミングの遺族が許可を与えた別の著者が引き継いでいる）。

「キッチン・シンク派」と呼ばれた、シビアな現実を描写するようなリアリズム小説がもてはやされた当時のイギリス文壇において、荒唐無稽なプロット、ハイリスクのギャンブル、高速の高級車、美女とのお楽しみ、銃撃戦、高級時計やワインやタバコのブランド名で埋め尽くされているボンド小説は、かなり戸惑いをもって迎えられたようである。批評家の受けは必ずしも芳しいものではなかった。

「スノビズムとバイオレンスとセックスだけで成り立っている小説」

「人生の不可解なる謎を考察するための小説ではない」

もちろん、そんなことは、書いているフレミング本人が百も二百も承知である。

「わたしは悩める人類に対する呼びかけなどもっていないし、(中略) あれやこれやの心を傷つけた個人的体験を人さまに押しつけようなどという気はついぞ起こしたことがない。わたしの小品は人間を変えようというものでもなければ、外に出て何かをさせようというものでもない。(中略) 熱い血をもった異性好きの人々に、汽車や飛行機やベッドのなかで読んでもらうように書かれたものである」(ジェームズ・チャップマン著、中山義久監修、戸根由紀恵訳『ジェームズ・ボンドへの招待』徳間書店)

う〜ん、あっぱれフレミング。浮薄な表層を挑発的に洗練・誇示することによって、道徳的実利的価値を重視する主流への抵抗の姿勢をクールに示す。ダンディズムの歴史に重奏低音のように響いているそんな基本的態度が、ここに見られるではないか。

しかも、ボンド小説は、今風にいえば、「政治的に正しく」ない。

悪いやつは必ず外国人で、美しい女はみなセックスの対象である(ヒロインにはプッシー・ギャロア、メアリー・グッドナイトなど露骨に性的な名前がつけられる)。国際秩序を守るべき世界最高の国家はイギリスで(現状はどうあれ)、そのイギリスに愛国心を捧げ、義務に忠実であるのはよきことである。……なんだかすごいアナクロでマッチョな世界が展開するのだ。

しかし、この「政治的な正しさ」に対する潔い無視も、かえってボンド小説の傑出した個性になってしまった。欠点ないし弱点転じて誰もまねのできない個性的長所となす。これもまた、ダンディズムの伝統に見られる基本的態度の一つといってよい。

ともあれ、大衆はフレミングを支持した。一九五七年、「デイリー・エクスプレス」紙でボンド小説が連載され、漫画版が紹介されるようになると、ボンドは小説世界から飛び出して、万人の知る有名人となる。

そしてついに、ボンドが文化現象になる契機が訪れる。一九六二年、『ドクター・ノオ』が映画化され、大ヒットをとばすのだ。

マンネリズムが生むブランド力

映画を製作したのはアルバート・R・ブロッコリとハリー・サルツマンらのイオン・プロダクション。ちなみにブロッコリの先祖はカリフラワーを改良して新しい野菜を作り、それをブロッコリと命名した人である。イオン・プロはボンド・シリーズの映画を二十本以上作っている。ダンディ・スパイ、ジェイムズ・ボンドがミッキーマウスやドラキュラ伯爵のようにキャラクターとして一人歩きすることになるのは、ひとえにボンド映画の力である。

ストーリー展開の基本は、毎回ほぼ同じ。

ボンド、Mから指令を受ける。続いてQから新しい秘密兵器をもらう。風光明媚な異国へ旅立つ。「ガール」と出会い、ボンドに仕掛けられた巧妙な死のシナリオのワナにはまる。決行に先立って悪の陰謀が明かされる。ボンド、危機一髪で脱出。

ほかならぬこのマンネリズムこそ、ボンドをブランドへと押し上げた力の源泉でもある。

記号学者のウンベルト・エーコは、ボンド小説をチェスに例え、これを読む喜びを次のように分析する。「駒の性格も動きも――そしておそらくは結果も――知っているゲームに自分が参加しているという感覚。これこそが読者の喜びであり、勝者が目的を達成する方法に最低限の変化がつけられるだけで読者はうれしくなってしまう」（チャップマン、前掲書）。この説はそのまま映画の観客にも通用しそうだ。

「よ、待ってました」と胸が躍るのはストーリーラインばかりではなく、冒頭の銃身のモチーフ、派手なタイトル・シークエンス、モンティ・ノーマン作曲のジェイムズ・ボンドのテーマ、「ボンド、マイ・ネーム・イズ・ジェイムズ・ボンド」のくさいセリフ、といったお約束事すべて。これら永遠に変わらない公式やお約束のバリエーションを期待通り見せてくれることが、ボンドのブランド力を築いてきたともいえる。「シャネル」のツイードやカメリアやリボンのようなものか。車や時計やスーツの（タイアップ版）ニューモデルの紹介も、今やそのお約束事に含まれてしまっている。

映画のボンドにはさらに、原作にない要素、ユーモアがある。

小説のボンドは冷酷に任務を遂行しちゃうだけだったりするのだが（それゆえ、舞台出身の堅いティモシー・ダルトンがいちばん原作のボンドに近い）、映画のボンドは、どんな危機的な状況においても、気の利いたジョークでリップサービスすることを忘れない。「ウォッカ・マティーニをステアせず、シェイクして」というのはボンドの定番のセリフだが、二〇〇六年製作の『カジノ・ロワイヤル』では、「シェイク？　ステア？」と聞くバーテンダーに対し、ボンドは「そんなこと気にするように見えるか？」と答え、ファンの期待を手玉にとって笑わせてくれた。

どうやら、製作者が、あまりにもありえない状況が連続するので「作品全体を粋なジョークにしてしまうこと」にしたらしい。

これは大正解。血なまぐさい極限状況でフルに生きる危険な男の華に、余裕と茶目っ気が加わった。人生は眉根を寄せるほど切羽詰って取り組むほどのものではない、というポーズ（を真剣にとること）もまたダンディズムの魅力的態度であることを、ボンドは見せてくれる。

主流に対するクールな抵抗の態度を芯に秘め、マッチョでアナクロなわが道を貫きつつ、一流品や美女の与えてくれる快楽を享受し、生か死かのぎりぎりの状況を生きながらも余裕しゃくしゃく。生みの親フレミングが願望した男よりもさらに一回り大きくなったそんな理想のダンディ、ジェイムズ・ボンドは、これからも男の夢の体現者として生き続けるだろう。当面はその夢がクルマや時計であったりするかもしれないが。

No.13

サー・ウィンストン・チャーチル

逆境をもっとも輝かしい時に変えた、偉大なる紳士にしてダンディ、

血と労苦と涙と汗のもっとも輝かしい時

一九四〇年十月九日夜。ドイツ軍の激しい空爆にさらされたリヴァプールで、一人の男の子が産声を上げる。母は、ヒトラー率いるドイツ軍に断固として立ち向かった当時のイギリス首相に敬意を表し、その名を息子のミドルネームに与えた。男の子は、ジョン・ウィンストン・レノンと名乗ることになる。

ジョン・レノンがその後、二十世紀におけるもっとも有名なイギリス人になるとすれば、ミドルネームを負う首相は、二十世紀におけるもっとも偉大なイギリス人となる。

サー・ウィンストン・チャーチル（Sir Winston Leonard Spencer-Churchill　一八七四―一九六五）である。

真実と名誉、義務を重んじる伝統的な英国紳士の理想が健在でありえたほぼ最後の時代に、ジェントルマンを超越し、グレイトマンと呼ぶべき圧倒的な存在となって、二十世紀の歴史を動か

した政治家。ラスト・アンド・グレイテスト・ジェントルマンである。

　一九四〇年五月、ナチス・ドイツがヨーロッパを席巻するその危機の最中に、彼は立つ。首相に就任してから最初の演説で、六十六歳のチャーチルは決然と語る。

「私には、血と労苦と涙と汗（blood, toil, tears, and sweat）しか提供できるものがない。われわれの政策……それは陸空海で全力を挙げて、神がわれわれに与えうる限りの力を尽くして戦争を戦うことである。勝利——あらゆる犠牲を払っての勝利、あらゆる恐怖をものともしない勝利、そこに到る道がいかに長くかつ困難であろうと、勝利が目的である」

　しかし、戦局はどうしようもなく悪化していた。オランダ軍、ベルギー軍が降伏、フランスもペタン政府のもと休戦協定を締結し、事実上、ドイツの支配に下る。

　もはやドイツ軍に対峙するのはイギリスただ一国。苦しい戦況が伝えられる暗黒の日々に、チャーチルはラジオを通して国民に語り続ける。戦う力と希望を与え続けた数々の演説のなかでも、最悪の事態すなわちドイツ軍の侵入を警告することから始まる六月八日の下院演説（十日後にラジオで放送）には、今なお鳥肌が立つ。

「イギリスの戦いが今や始まろうとしている。キリスト教文明の生存はこの戦いにかかっている。われわれイギリスの生命、わが国の諸制度、わが帝国の長い歴史はそれにかかっている。……それゆえにわれわれは心を引き締めてみずからの義務を果たし、もしイギリスとその連邦が千年続いたならば、人々が『これこそ彼らのもっとも輝かしい時であった（This was their finest hour)』というように振る舞おう」

最悪の時を「もっとも輝かしい時」に変えてしまう、「輝かしい」レトリック。聴衆ひとりひとりが歴史の大舞台に立っているのだと奮起せずにはいられない、魂をゆさぶる雄弁。

イギリスを勝利に導いたのはこの弁舌の力、とまで評されることもあるのだが、実のところ、チャーチルは発音障害に悩んでいたのである。

事実は鋭い剣
読書は剣をふるうための筋トレ

生まれつき、Sの音が明瞭ではなかった。

その弱点を克服すべく、チャーチルが選んだ最良の方法はといえば、あらかじめ演説原稿を書き、それを完璧に暗誦するまで練習するというものだった。一九〇一年にはじめて議会で重要な演説をしたときには、演説原稿を練り上げるにも六週間かけたという。

つまりチャーチルの雄弁術は、生まれつきの弱点をしかと見据え、それを補う工夫と研鑽を重ねて獲得された、「労苦」に近い努力の賜物だったのである。

政治家になるための具体的な努力にも並々ならぬものがある。パブリック・スクールのハロー校で教育を受けたあとサンドハースト王立陸軍士官学校を卒業、騎兵隊の少尉に任官するのだが、青年将校チャーチルは赴任先インドにおいて、同僚が昼寝をしている間に、徹底した自学自習を

Photo : The Imperial War Museum

サー・ウィンストン・チャーチル。20世紀でもっとも偉大なリーダーとして国を超えて愛されるダンディ。ポルカドットの蝶ネクタイがトレードマーク。彼は２度首相を務めており、これは第61代（1940～45年）の公式写真。

おこなっているのである。

マコーレー、ギボン、マルサス、ダーウィン、プラトン、アリストテレスなどを読破する一方、「政治年鑑」を読んで議論の方法を練習する。論点ごとに自分の意見を書いたあと、年鑑に紹介されている議論を読んで自説を練り直す。その上で、反対意見に対する反駁を含めて最終的な意見を書き上げる。この地道な議論のトレーニングを、自分が誕生した年の一八七四年版からスタートし、四年分こなした。

「事実は鋭い剣を与えてくれる。マコーレー、ギボン、プラトンなどは、この剣をふるう筋力を鍛えてくれるのだ」

のちの演説や著作において、ここで鍛えられた強靭な筋肉がふるう鋭い剣が、華麗に自在に、荘重なリズムで舞うことになる。

独創的な工夫にみちた、たゆまぬ努力がチャーチルの人格の一部を形づくったともいえるのだが、実をいえばこの「努力」という要素、彼の属する階級の伝統的美質にはあまり数えられたことのないものだった。なんといっても彼は貴族の家に生まれているのだから。

なにか不幸があれば
それはのちに幸運の源になる

ブレナム・パレス（Blenheim Palace）。

ロンドンから北西方向に車でおよそ一時間、オックスフォードシャーのウッドストックという町に、大豪邸がある。敷地面積は成田空港の四倍という。初代モールバラ公爵がスペイン継承戦争中のブレンハイムの戦い（一七〇四年）で立てた戦功により、アン女王から贈られたものである。ウィンストン・チャーチルは、この国民的記念碑のような「宮殿」で生まれた。父は第七代モールバラ公爵の息子ランドルフ・チャーチル（政治家で財務相をつとめた）、母はアメリカの銀行家の娘で社交界の花形、ジャネット・ジェローム である。

紳士階級の子弟向けレールのひとつに乗り、パブリック・スクール、士官学校を経て少尉となったわけだが、チャーチルは軍人の仕事を「生涯の仕事ではない」と考えていた。

とはいえ、初代モールバラ公爵の血をひくためか、戦いにおいては強運ぶりを発揮したようで、たとえば、大勢の兵士がほぼ一瞬のうちに殺戮されたエジプトのオムダーマンの戦い（一八九八年）では、チャーチル少尉は運よく生き残っている。どうやら、インドで肩を脱臼していた不運が幸運に転じたようだ。他の騎兵将校のように剣を抜くことができず、いきなりモーゼル拳銃を撃ちまくったことが生き残りにつながったという。

「何か不幸があれば、それがもっと悪いことから救ってくれることになるということを忘れてはいけない」とはチャーチルが得た教訓。

さて、軍人以外の生き方を見つけようとしたチャーチルが見出した活路は、戦況を新聞社に報告する将校兼ジャーナリストだった。勲章と原稿料を求めて、キューバへ、エジプトへ……。インドから各紙に送り続けた原稿は『マラカンド野戦軍』という一冊の本になる。

一八九九年、二十五歳の春にチャーチルは陸軍から退官したが、九月にはボーア戦争が不可避となった。そこで「モーニング・ポスト」紙の特派員となって南アフリカに出発するのだが、なんと彼はそこで敵につかまって捕虜となってしまう。

収容所での生活は耐え難かったようだ。で、チャーチルは脱走するのである！「生死を問わず、脱走捕虜を逮捕したものには賞金」がかかっていたが、ここにおいても幸運が重なり、ポルトガル領モザンビークまで五百キロ、無事イギリス領事館にたどりつき、チャーチルは熱烈な歓迎を受ける。

「一夜明けると、わたしは英雄になっていた」

翌一九〇〇年九月の総選挙に、彼は立候補する。「捕虜収容所から脱出した英雄」の人気は圧倒的で、ウィンストン・チャーチルははじめて下院に当選を果たす。

成功とは、失敗に失敗を重ねても なお情熱を失わないこと

政治家としてめきめき頭角をあらわすものの、キャリアは必ずしも順調ではなかった。というか、ふつうならば復活不可能なほどの失敗や挫折を、彼は何度も経験するのである。

最初にして最大の失敗が、ダーダネルス作戦。第一次世界大戦時、海軍相となっていたチャーチルが推進した作戦が惨敗に終わるのである。敵国オスマン・トルコの首都イスタンブールの入

り口ダーダネルス海峡制圧を狙ったガリポリの戦い（一九一五年）である。ピーター・ウィアー監督の『誓い *Gallipoli*』（一九八一年）にもこの戦いが描かれているが、大殺戮にあったイギリス軍は撤退を余儀なくされる。作戦失敗の責任はすべてチャーチルひとりに押しつけられ、「ガリポリの肉屋」と批判された彼は、責任をとって内閣を去る。

この挫折からチャーチルは、責任を負うならば全作戦を指揮できる権限をもつべき、という教訓をくみとる。「権限のない責任は、責任のない権限と同じように無責任である」。痛い思いをして得たこの教訓が、のちの第二次世界大戦で生かされることになるのだが。

ちなみに海軍相在任中に、チャーチルは戦車開発の音頭をとっている。敵の塹壕を乗り越え、有刺鉄線も突破する装甲の無限軌道車。海軍の工場で研究され、「水槽（タンク）」という暗号名で呼ばれた。一九一六年のソンムの会戦に登場した戦車に新しい時代を切り開く力強さを見たフランス人ルイ・カルティエは、戦後まもなく、タンク・ウォッチを発表する。

おっと話がとんだ。チャーチル、一七年にはロイド・ジョージ内閣の軍需相として政権に復帰、植民地相になったりもするが、一九二二年には落選して議席を失ってしまう。

またしても挫折。しかし、「わたしはもうおしまいだ」とも嘆いたこの失意の時代の過ごし方が、濃いのである。チャーチルはひたすら絵を描く。プロの画家から手ほどきを受け、匿名で五点の風景画をパリの画廊に出し、四点が三十ポンドで売れるほどの腕前になった。

また、第一次世界大戦回顧録『世界の危機』の著述に集中したのもこの時期である。葉巻をくわえ、部屋を歩き回りながら、あるいは浴槽につかりながら、速記者に口述してまとめあげた。

「演説は書き、著書は話す」というスタイルがチャーチル流であるらしい。

一九二四年には再び当選し、ボールドウィン内閣の財務相になるが、二九年以降、政権から離れて孤立を深めていく。またまた長く暗い不遇の時代。が、チャーチルはこの期間も著述の好機と見て、先祖のモールバラ公爵の伝記などを書いている。骨太な歴史感覚と言語能力は磨かれ続け、やがて第二次世界大戦後に書く『第二次世界大戦回顧録』でチャーチルはノーベル文学賞を受けることになる。

とはいえ、政治的キャリアという観点から見れば、やはり大きな挫折ばかりが目立つのだが、チャーチルいわく、「成功とは、失敗に失敗を重ねてもなお情熱を失わないこと」（引用は河合秀和『チャーチル』中公新書）。

過去の私の生涯はすべてただこの時、この試練のための準備

チャーチルが政界において孤立を深めた原因のひとつは、彼の器が大きすぎたことにあるようだ。それに加えて、歯に衣着せぬ率直な物言い、妥協を知らぬ決断力と自信満々の行動力。ついでにいえば、「わたしの好みは単純だ。なんでもいちばん良いものしか好まない」という贅沢な嗜好。同僚や部下にこんな男がいたら煙たくってしょうがないだろう。

しかし、そんな贅沢な嗜好の反映としての「チャーチル・アイテム」の数々は、一流を知ろう

とする男性がおさえておくべき一基準として、いまなお健在である。《ターンブル&アッサー》のポルカドットのタイ。《ポール&ロジェ》社の四七年もののシャンパーニュ。《ダンヒル》のキューバ産の葉巻(チャーチルサイズという特大サイズあり)。《グローブ・トロッター》の鞄……。

そのまんまだと近寄り難いコワめの顔にそこはかとなく愛嬌を与えているのが、ほかならぬあのトレードマークのポルカドットの蝶ネクタイであるが、「いちばん良いものしか好まない」という鼻もちならない信条も、たとえばこんなエピソードを聞くと、愛される要素になってしまう。

息子ランドルフへの贈り物を、カルティエに特注した(一九三二年)。ゴールドのシガレットケースを選んだのだが、チャーチルはその表面に、封筒の表書きのようにでかでかと住所を入れさせたのである。うっかり者の息子が、どこかにケースを置き忘れてもちゃんと戻ってくるようにとの心遣いらしい。超一流宝飾店に対して、このようなお茶目なスタンスをとることで、「鼻もちならない」感じも、別格になってしまう。ちなみに、カルティエのほうも、消印つきの切手の模様まで入れて大真面目にこの特注品を作ってこたえることで、懐の深い別格感を世に印象づけることに成功するのである。

そんな別格男が本領を発揮できるポストはただひとつ。トップ、すなわち行政の最高責任者のみである。しかも、たとえば非常事態など、権限ができるだけ大きいほうがよい。

だからこそ、チャーチルは、国家的危機のさなかに首相に就任したときの感慨をこう記す。

「ある種の深い安堵感を感じていた。……過去の私の生涯は、すべてただこの時、この試練のための準備に他ならなかったと感じた」

チャーチルの人生においては、第二次世界大戦中に地下の戦時執務室で指揮を執りつづけたときこそ、もっとも「輝ける時」だったのかもしれない。

大戦を勝利に導いたチャーチルのその後も、アップダウンが激しい。

戦後の総選挙でチャーチル率いる保守党は惨敗、辞職に追い込まれる。その後、アメリカを訪問し、「鉄のカーテン」演説で米ソ冷戦時代の到来を予言したりと話題をふりまきながら、一九五一年の総選挙で七十六歳にして（！）再び首相に返り咲く。四年後、八十歳のときには健康に無理を感じて辞表を提出、その十年後、九十年間の濃厚で多彩な生涯を終える。

伝統的英国紳士として振る舞いながらその枠を大きくはみだした異端児すれすれの強烈な個性。悩める現代人にも希望と勇気を与えてくれるユニークな生涯。「存在がシリアスすぎ」であってもやはりその圧倒的な別格ぶりによって、チャーチルはイングリッシュ・ダンディの歴史において、ひときわ大きく輝くのである。

第Ⅲ部　現代のダンディズム像

1　ダンディズムの再定義

ブランメルの尊大な無関心、リットンの才智、ディズレイリのけれん、ドルセイの華麗、ボードレールの頽廃、ワイルドの挑発、ビアボウムの非凡なる平凡、エドワード七世の機能的優雅さ、カワードの洗練、譲歩して勝利するエドワード八世、フレミングのアナクロ・マッチョ、チャーチルの別格……。ダンディとして今なお語り継がれる男たちの、ダンディズムの表現は、それぞれまったく異なるように見える。ダンディズムとは徹頭徹尾、「個」の問題なのだと、あらためて思う。

それでもなお、彼らに共通する法則、ダンディの定義として抽出できるような要素はないだろうか、とあえて考えてみる。

●服装、振る舞いなど、外見の表現に、意志がある。
●その服装やふるまいが、世間の常識に対し、抵抗ないしアイロニックな批判となっている。
●正論、主張を声高に唱えないが、正論の及ばぬ流儀によって多大な影響力を及ぼす。
●類例や代替がない。唯一無二、オリジナルな存在である。

●軽蔑とあこがれ、嫌悪と崇拝、嘲りと愛情、というように、相反する感情を同時にかきたてる。
●言動が常に二方向の解釈を生む。
●肯定よりも、否定が似合う。
●生産性よりもむしろ、破滅・蕩尽において輝く。
●その人の登場前、登場後で、なんらかの価値基準が変わっている。
●男としての美しさの可能性を見せてくれる、ロマンティックな存在。
●女にも愛されるが、むしろ男が憧れる男。ホモソーシャルな世界の英雄。
●ゆえに、人々の「語りたい」欲望を刺激してやまず、数々の伝説を生む男。

たぶん、右の条件をすべて満たす男は、ダンディではないのだが。

グローバル化がすすみ、なにもかも平板になっていくかのような現代において、ダンディズムは成立しうるのか？　もはやパロディないし、ジェイムズ・ボンドに象徴されるように、コマーシャリズムの対象としてしか成り立ちえないように見えるダンディズムを、現代の英国においてかすかに香らせる同時代に生きる男を二人、そして世界が注目する新時代のスタイルアイコンを一人、「おまけ」として紹介したい。

2　二十一世紀のダンディ

No.1　カジュアル化に優雅に逆行するプリンス・マイケル・オブ・ケント

ニューヨークに、つい最近まで、通称「ネクタイ協会」があった。正式名称は、メンズ・ドレス・ファーニシングズ・アソシエーション（Men's Dress Furnishings Association）。頭文字をとってＭＤＦＡと呼ばれたこの協会は、ドレスシャツ、ネクタイを中心とするファーニシング（装身具）に関するアメリカ男性の意識を高めることを目的とするパブリック・リレーションズ組織で、小売店や学生に対する教育なども積極的におこなってきた。

アメリカ男性の服装意識向上に貢献してきたこの組織は、二〇〇八年六月、六十年にわたる歴史の幕を閉じた。「ウォールストリート・ジャーナル」によれば、最大の理由は、「男がネクタイを着用しなくなったから」。

もはやアメリカにおいてネクタイは、義務ではなく、選択肢のひとつになったようなのである。ギャラップ世論調査によれば、二〇〇二年、仕事にネクタイを着用する男性は一〇％（これでも低い数字だと思うが）であったのが、〇七年は六％までに落ち込んだ。ネクタイを着用するのは会計士や弁護士などかぎられた職種の男性だけになった。

ネクタイは、選択肢のひとつ。ネクタイはこのまま衰退の道をたどるのか？　いやとんでもない。逆に、義務ではなくなったからこそ、ネクタイはこれまで以上に重要なファッションステイトメントになるのである！　そう考えるデザイナーは少なくなく、たとえばトム・フォードは一九五ドル（約二万円）のリッチなイタリア製シルクタイを提案。お手本にしたのは、英王室のメンバーのタイであるという。

「００７」の最新作、『慰めの報酬』でボンドのスーツをつくったメンズ界の第一人者、トム・フォードがメンズウエアの指針とする、プリンス・マイケル・オブ・ケント（Prince Michael George Charles Franklin of kent　一九四二—　）。

なにもの？　と思われる方も多いかもしれない。ケント公爵息マイケル王子、と日本語に訳されたりする。間違いではなくとも、王子と訳してしまうと、とりわけ今の日本語の現状では、微妙にニュアンスがずれるようにも感じる。一九四二年七月四日、アメリカ独立記念日生まれのプリンス・マイケル（と以後、略表記します）は、エリザベス女王のいとこにあたる。

トム・フォードが魅せられたプリンス・マイケルのトレードマークは、「リッチなタイでビッグなノット」の超古典的スタイル。巨大ノットのタイを、プリンス・オブ・ウェールズ・チェックのスーツや高い襟のシャツとともに、迫力で着こなす。よく手入れされた口ひげとあごひげが、時代錯誤すれすれなスタイルに「エドワーディアン」な趣きを添える。エドワーディアンとは、二十世紀初頭の、上品で華やかなエドワード七世時代の様式。百年前の紳士像を今に再現するお方なのである（ちなみに知り合いの、あるおしゃれなファッション誌編集者は、シャツをオーダーするとき「古いヒトに見えるように」と襟高め、カフ長め、と注文するが、具体的イメージとして持参するのがプリンス・マイケルの写真であるという）。

世のカジュアル化の流れに優雅に逆行するプリンス・マイケルは、デイヴィッド・ニーヴン、ローレンス・オリヴィエらが体現してきた「ザ・イングリッシュ・ジェントルマン」の王道イメージの系譜に連なる、貴重なアイコンでもある。だからこそ、サヴィル・ロウ・ビスポーク協会は彼に白羽の矢をたて、二〇〇七年にイタリアのピッティ・ウオモ（フィレンツェで開催される世界最大級のメンズファッション展示会）に初参加するとき、「サヴィル・ロウの顔」としてプリンス・マイケルに同行してもらった。

結果、プリンス・マイケルはファッション界にあらためて強いインパクトを残したようで、米「エスクワイア」誌は二〇〇八年度のベストドレッサーに、バラク・オバマ（政治部門）、クリスチャン・ベイル（俳優部門）とともに、王室部門においてプリンス・マイケルを選んだ。

英国内での評価を見れば、英「GQ」が選ぶ全部門ベストドレッサーのリストにおいて、プリンス・マイケルは三十四位。王室部門だけでいえば、十二位のハリー王子、二十五位のチャールズ皇太子、三十三位のエディンバラ公（エリザベス女王の夫君）に次ぐ四位である（チャールズの長男ウィリアム王子はどこへ?! ちなみに総合一位はダニエル・クレイグ）。

一般紙での注目度も高まる。「タイムズ」紙は、プリンス・マイケルのスーツを、「最後のロシア皇帝に生き写しのダブルのスーツ」と表現するのだが、それは彼の容姿がロシアのロマノフ王

© Anthony Crickmay/HRH Prince Michael of Kent

プリンス・マイケル・オブ・ケント。思索的で男性的な風貌で、タキシードも遊び着も悠々と着こなす。世のカジュアル化の流れに優雅に逆行する古典的なスーツスタイルは、メンズファッションのお手本として一目置かれている。

朝最後の皇帝、ニコライ二世と似ていることをふまえている（プリンス・マイケルのおじいさんにあたる英国王ジョージ五世は、ニコライ二世のいとこだった）。ロシア語を流暢に話し、休暇でもしばしばロシアを訪れる、大のロシア好きとしても知られる。世界経済に重要な位置を占めるロシアとの関係が重要になるなか、縁深いプリンス・マイケルが外交の上でもますます大切な役割を果たしていくのではないか。

スーツ姿が美しいのは、カッティングのみならず、それを生かす身体の管理も怠らないことによるようだ。一週間に三回、ジムでワークアウトをする。若い頃からスピードやスリルを楽しむスポーツを好んできた。カーレース、ボブスレー、それにヘリコプターや飛行機、ボートの操縦……。ぴかぴかに磨かれた靴と完璧なスーツで優雅な振る舞いを見せたかと思えば、スリルとスピードの世界を満喫。ちょっと007、入ってます。

奥さまのプリンセス・マイケル・オブ・ケントことマリー＝クリスチーヌは、華やかな雰囲気の美女で、本も数冊出版している。最新刊が『蛇と月 *The Serpent and the Moon*』。団鬼六先生の路線ではなく、ルネサンス時代のフランスの宮廷を舞台にした恋愛小説らしい。いずれにせよ、王室にはちょっと珍しい、離婚歴のあるキャリアウーマンである。

超クラシックな紳士のアイコンを演じきりながら、プライベートでは型破りで現代的な意外性も見せる。プリンス・マイケル・オブ・ケント、世のカジュアル化に悠々と逆行して男たちの憧れを誘う、という点で堂々たるモダン・ダンディである。

No.2 道化か天才か、ボリス・ジョンソン

あらゆる意味で「人間はここまでできるのか！」という可能性の豊かさを見せてくれた北京オリンピックが閉幕した。ＣＧ花火、人工的晴天、口パク少女、漢民族ばかりで演じた「多民族」など、国家の威信を世界に見せつけるという大義のためならいかなるウソもあり、という口あんぐりの開会式の余韻を引きずる、よく準備された閉会式であったのだが。

力が入りまくりの中国的演出とはあまりにも異質な、風通しのいい八分間があった。

次回、二〇一二年のオリンピック開催都市、ロンドンのパフォーマンスである。

赤い二階建てバスの前に人々が群がり、ギタリストのジミー・ペイジ、歌手のレオナ・ルイスが登場し、デイヴィッド・ベッカムがサッカーボールを蹴り上げる。パフォーマーたちの装いはといえば、格式ある舞台衣装の中国の演者たちに比べれば、ポップでカジュアル（中国のメディアはこれを「けしからん」と非難）。ベッカムの蹴ったボールも、本来狙うべき方向とはズレた方向に飛んでいったみたい。でもこのいい加減な感じが、ウソでがっちり固められたような「鳥の巣」劇場にあって、えもいわれぬ気持ちよさを生んでいた。

この楽しげな脱力感だけでも、「国威発揚！」とがんばりすぎていた中国に対する痛烈なアイロニーとして機能していたのだけど。

極め付きは、その後である。オリンピック旗引き継ぎの儀式で、名物ロンドン市長の登場！

「バフーン（道化者）」と異名をとる、記事になるネタを残さずには絶対に帰らないであろう、ボリス・ジョンソン（Alexander Boris de Pfeffel Johnson　一九六四—　）である。

案の定、翌日の中国メディアは、いっせいにボリスを非難する。「五輪旗を片手でもつなんて、無礼すぎる」「退場するときに上着のポケットに手をつっこんでいたが、あの傲慢さはなにごとか」「そもそも場に対する敬意がなさすぎる」うんぬん、と。一連のパフォーマンスでイギリスのイメージが著しく傷ついた、と大真面目に書くメディアもあったようだ。

当日のボリスの装いは、たしかに「これが英国紳士か？」と疑う、ラフな印象。二サイズほど大きすぎるように見えるスーツをボタンも留めずに着て、片手はポケットに無造作につっこむ。かちかちにフォーマルに決めた中国側のえらい人たちと並ぶと、力の抜けっぷりが一層、際立つ。それでも髪はちゃんととかしてあるので、いつもよりかなりきちんとして見える。ロンドンにあっては、この金髪をぼさぼさのままなびかせて、ネクタイもつけず、ときにベルトまで省略しているのだから。

ともあれ、くだけたボリスの装いは、「スキを見せてはならぬ！」とそらぞらしいほど壮大だった北京オリンピックに対し、「ロンドンではもっと人間らしく、ダメなところも見せて、リラックスして楽しもうじゃないか」という強烈な宣戦布告として映ったのであった。環境フレンドリーなオリンピックにすると言っていたから、雨も人工的に止められたりなどせず、降るままにまかせられることであろう。

テレビの向こうの世界の視聴者に対し、暗黙裡にすてきなメッセージを届けたボリス・ジョン

Photo : Kyodo News

ボリス・ジョンソン。2008年８月24日、北京オリンピック閉会式で、手渡された五輪旗を振るロンドン市長（ここでは両手で持っています）。スーツは、サイズも着方も、スキだらけである。あえてだろうか？

ソン。どんな男なのか。

本国英国での風刺記事にも頻繁に登場するために、実は私も比較的最近まで、この人をコメディアンかと思っていた。が、二〇〇八年五月に、「立候補じたいがジョーク」と言われながらも、盤石とされていたリビングストン前市長を僅差で破って、ロンドン市長に就任した、堂々たる保守党の政治家である。

装いや振る舞いばかりではなく、ジョークをとばしまくり、失言も多いという点でも型破りな人である。パプア・ニューギニアの人を食人種とほのめかして顰蹙を買ったり、ポーツマスのことを「麻薬と肥満と出来のわるい労働党議員ばかりの、イングランド南部でもっとも憂鬱な場所」とコメントして議員辞職を迫られたり。

服装も言動も、つっこみどころ満載。かといって品がないのかといえば、そうでもない。それもそのはず、欧州議会議員をつとめた父と画家である母を両親にもつ裕福な家に生まれ、名門イートン校を出たのちオックスフォード大学に学び、卒業後は「タイムズ」紙、「デイリーテレグラフ」紙で記者をつとめ、「スペクテイター」誌の編集長も経験、という絵にかいたようなインテリ上流保守層なのである(ただし、「タイムズ」紙では、でっちあげの引用を記事にしたことが発覚して解雇されている。やはりヘンはヘン)。

この変人ボリスと、保守党党首デイヴィッド・キャメロン、このふたりの人気で、英国ではトフ(toff＝上流階級のヒト)人気が高まり、保守党が力を伸ばしている。気取った上流階級はかつてならば嫉妬の対象ということになっていたが、富裕というだけで人を憎むのは拝金主義の裏返し、ということに人々が気づきはじめたこともあり、ボリスやキャメロンは、新・上流として好感をもって受け入れられているようだ。ふたりとも上流階級であることを「恥じる」ことなく上流的生活を公表し、一方で運転手つき車などには乗らず、自転車通勤などしているところが、新しいといえば、新しい。

それにしてもボリスのだぶだぶスーツとぼさぼさヘア、演技として道化をやっているのか、天然であれなのか、よくわからないあたりがミステリアスである。小説家の姉によれば、「ピエロになるのは、敵の不意を衝くための戦略で、チャーチルから学んだもの」(「クーリエジャポン」より)であるらしい。一方、テレビ、ラジオなど放送界で活躍するイアン・ヒスロップは「ボリスはバカを装った天才か?　としょっちゅう聞かれる。私はいつも、ノーと答える」などと評している。

道化を装う天才戦略家か、はたまた単なる天然のお調子者なのか。

いずれにせよ、ボリスの言動はいかなる時でも、極端な二通りの解釈を呼ぶ。無視されることだけは決してない。その意味では、道化ボリスもまた、一ダンディである。

No.3　二十一世紀のクールなスタイルアイコン、バラク・オバマ

世界恐慌に戦争、テロ、地球環境問題など、重要な課題が山積する。そんな時期にあって、誰がどんな服をどう着ているか、などという問題は瑣末中の瑣末に属する話であろう。

であればこそ逆に。

瑣事を瑣事として切り捨てず、いや、瑣事であるからこそ気を抜かない完璧な心配りと優雅な余裕を備えている人が、いっそう頼もしく見えてくることがある。

オバマ合衆国大統領も、その一人である。

英国ダンディばかりに焦点を当ててきたが、二〇〇八年十一月に圧倒的勝利で次期合衆国大統領に選ばれたバラク・オバマ（Barack Hussein Obama, jr 一九六一― ）は、「スーツスタイルのカリスマ」として、世界中から熱い視線を集める。この人を無視してこれからのメンズファッションを語ることなど、到底不可能な勢いである。

英語圏の一流新聞は、続々と「オバマルックを手に入れよう」と彼のスーツスタイルに関する記事を掲載する。影響力の大きさを物語るエピソードにも事欠かず、たとえばボスニアの衣服メーカー《ボラック（Borac）》が彼のスーツの着こなしに敬意を表し、「オバマ」というスーツラインを発表するなど。「ボラック」ときいて、一瞬、コメディアンのサシャ・バロン・コーエンの顔を思い出したが、おっと、彼が出演していた映画は『ボラット』だった。カザフスタンのジャーナリストがアメリカにやってきて文化を学習する……というか珍騒動を巻き起こす、カザフ政府を怒らせたきわどいドキュメンタリー風映画。《ボラック・オバマ》のスーツはボラット風味とは無縁の、ふつうにまじめなビジネススーツのようである。

さて、バラク・オバマ大統領のスーツだが、上着は細身にフィットするソフトショルダーの二つボタンで、トラウザーズには約三センチの折り返し。スリムラインながら美しいドレープを描

バラク・オバマ次期大統領（2008年11月４日当時）。ミシェル夫人とともに、地元シカゴで勝利宣言を行なった。夫妻でアメリカン・ブランドの名を世界的に高めることに貢献、ファッション産業からも熱い期待が寄せられる。

く、威厳と同時代感覚を無理なく両立させたうっとりもののスーツ。どこのだ？　と話題になったが、すぐに、シカゴにある老舗《ハート・シャフナー・マルクス（Hart Schaffner Marx）》の「金のトランペット奏者（Gold Trumpeter）」コレクションであることが報じられた。価格は千五百ドル（約十五万円）。

このブランドの知名度と売上げは、当然のことながら、一気に上昇した。《ハート・シャフナー・マルクス》のほうもオバマ効果を最大限に利用し、バラク・オバマ様御用達看板を堂々とホームページにも掲げ、「大統領の装い（Dressing Presidential）」キャンペーンをおこなった。

こんなふうに、自国、とりわけシカゴのブランドに積極的な経済効果をもたらすことも、オバマ大統領の意図的な戦略であったと思われる。実際、キャンペーンの当初は《ゼニア》や《カナーリ》といったイタリアブランドのスーツを着用していたようだが、メディアが服や小物のブランド名まで詳しく報じはじめると、自国ブランドに切り替えている。

この戦略は、夫人のミシェルのファッションにおいて、いっそうわかりやすい。民主党の指名を勝ち取ったときに着たパープルのドレスが、シカゴの《マリア・ピント》と報じられると、このデザイナーの知名度は一気に世界レベルに。大統領に選ばれた歴史的瞬間に着用した赤と黒のドレスが《ナルシソ・ロドリゲス》と判明するや、モード界においてのみ知られたその名は、ひと晩でメジャーとなる。ナルシソ・ロドリゲスは、両親がキューバ移民のアメリカ人であるという点においても、「祖先は異国から来たけど、今の私たちはアメリカ人」という彼らのルーツとひびきあう。ファミリーおそろいの赤黒コーディネイトは賛否両論だったが、赤はアフリカにおいては喪の色でもある。直前に祖母を亡くしているオバマのファミリーにとっては、天国の祖母への大切なメッセージを伝える色の組合せでもあったのだ。そこまで考えると、ほんとにとことん、繊細すぎるほど完璧なファッション戦略が展開されていたことがわかる。

二〇〇九年一月の大統領就任式において、ミシェルは《イザベル・トレド》を着用。やはりキューバ生まれのアメリカ人デザイナーで、今後も大統領夫人がアメリカのファッションを世界に力強くPRすることは大いに期待できそうである。

バラク・オバマに戻る。

スーツスタイルが一目おかれた最大のポイントは、ブランドが《ゼニア》から《ハートマルクス》(と略称します)に変わろうとも、がらりと印象が変わったりはしなかったことにあるかもしれない。ブランドやメーカーはオバマスタイルの「下」にくるのであって、あくまでオバマスタイルこそがぶれず貫かれている……という印象を与え続けた。

スタイルの秘密は、往々にして細部に宿る。オバマスタイルの細部を観察してみれば、たとえばシャツのカラーは、ワイドスプレッド(衿羽開きが一〇〇~一二〇度とやや広め)で、これが政治家には珍しい白鳥のような(色は白くはないが)彼の首に威厳を与えることに成功している。そのカラーに合わせるネクタイは、ブルーか赤がメインで、あっさりとフォア・イン・ハンド型(基本のプレーンな結び目)で結ばれることが多い。肉厚のタイで太い結び目を好んだマケイン共和党候補と並んだときに、この「あっさり」が逆にフレッシュな好印象を与えていた。

男がほかの男に対してもっとも敏感になる細部は、おそらく時計だろうが、彼の時計の選択も、絶妙である。キャンペーン当初は《タグホイヤー》などをつけていたようだが、ある時点からずっと、「シークレット・サービス・クロノグラフ」を着用する。シークレットサービスの雇用者向けのプライベートブランドの時計で、売上げ利益はチャリティに回るという。プレゼントされた時計と報じられているが、意表のつき方がクールとしか言いようがない。

そんなこんなの瑣末な細部はあくまでおまけの価値である。言葉、信念、情熱、誠実さ、分析力、実行力、判断力……といった政治家としての「本筋」の総合力でがっちりと人心を掌握しているからこそ、行きとどいた細部が神々しく光る。格調高いど正論を唱え続けてほぼ全方位を魅了することが可能だったのは、装いがもたらす心理的・経済的・政治的効果を計算しつくした、オバマの服装戦略によるところも小さくなかったのではないかと思う。

パリコレでは、カステルバジャックやソニア・リキエルが大統領をフィーチャーした「オバマドレス」を発表した。中身も外見も独自の流儀を貫く政治家にして「革命家」として、チェ・ゲバラ以来のスタイルアイコンになる兆しを見せる。

3　混迷する現代において、変わりゆく男性像

現代において、男性がどうあるべきか、男性はこれからどのような方向へ向かうのか、という問題をめぐる議論は、ちらほらとおこなわれている。

ここでいったんひとまずダンディズム問題を離れ、現代における「男らしさ」のイメージを、（おもに消費・大衆文化における先鋭的な男性像をめぐる議論を中心に）概観してみたい。

男を、救え

『男を救え *Save the Males*』。

二〇〇八年夏、ニューヨークで出版されて、話題になった本のタイトルである。著者はアメリカのコラムニストで、キャスリーン・パーカーという女性である。

政治や経済の世界はいまだ男性中心社会であり、マイノリティは依然として女性のほうであるという現実は厳としてあるのかもしれない。しかし、いったんひとりの男、あるいは一家庭人となったときに、現代の男性は、かつてよりも生きづらくなっているのではないか——そんな視点

に立ち、現代社会に不当に押しつぶされそうになっている男たちを救おう、それがひいては女のためにもなる、と作者はユーモアを交えつつ説く。

アメリカの話ではあるが、日本においても十分に共感を得られる議論である。フェミニズムと、高度情報消費社会は、女性が生きやすい文化を醸成した。結果、女には居心地がよくなったのかもしれないが、その分、男性から多くの自由を奪ったというか、多くの我慢を強いてきたのかもしれない。昔ながらの「男らしさ」神話の呪縛から解放されてラクになった男性も多いとは思うのだが、それはそれで、時に女から「頼りない」と非難されたりするし（女は勝手だ）。

いずれにせよ、男性、とりわけ都会で生活する男性は、たいへんそうに見える。消費社会の論理が強いる幻想（胸毛やすね毛を処理しなきゃモテないとか、認知度の高いブランドの車に乗っていてこそ男社会で承認されるとか、この腕時計ならば「イン」であの腕時計はもう「アウト」だとか）はますます肥大し、それに毒されてもやもや感をつのらせている男性が、とりわけ四十代に多いように感じる。そんなばからしいゲームからはとうに降りたり、端《はな》から視野に入れない賢い男性も多いのはもちろんだが、その一方、ついていけないと感じる男は、オタク化するか、アナクロなマッチョに逆戻りするか、自分を消去するかのようにひっそりと別枠の世界で生きているか、それがある日突然キレて外へ向かうか……。

いずれの方向にせよ、メディアを通していやおうなく「幻想」のプレッシャーを浴び続ける男性は、「幻想の基準」との距離をどのようにとるか、ということをたえず心の片隅で意識しつづけなくてはならない。

女が、男を救わねばならない（そうすることで、女が救われたい）という議論が出る土壌は、十分にある。

バダスの台頭

女なんぞに救ってもらうようじゃ、男も終わりだぜ。

そう考える男性は、もちろん、今なお大勢を占めると思われる。

そんな男性たちに後押しされるかのように、新型のマッチョが登場している。二十一世紀になって頭角を現したこのマッチョは、「メトロセクシュアル」を全否定することによって生まれた。

メトロセクシュアルとは、一九九四年、イギリスのマーク・シンプソンが造った言葉である。かつて「女の領分」とされていた、グルーミングやファッション、インテリアなどに高い美意識をもち、お金もエネルギーも惜しまない都市型《メトロ》の男のことである。ゲイではなく、あくまで女性を愛する異性愛（ヘテロセクシュアル）の男なので、このように呼ばれる。

現象として爆発したのは、二〇〇三年あたりからだろうか。日本では、翌年に津波のようにメトロセクシュアル現象が起こったことを生々しく思い出す。女性誌のノウハウをもちこんだメンズファッション誌が続々創刊され、高級品揃いの男性向けセレクトショップという売り場形態が、都市部で大成功をおさめた。あれから数年、もうメトロセクシュアルという言葉も死語になりつつあるが、その洗礼を受けた男性層にとって、化粧に近いグルーミングやファッションの知識は、もはや「常識」に近いものとなり、ことさら声高に唱える必要すらない。

そんな、メトロセクシュアルの残像を全否定する、というか、その真逆をいくような超アナクロのマッチョが、話題をふりまいているのである。

バダスである。バッド・アス（bad ass たちの悪いやつ）という俗語に由来する新語である。

二〇〇四年に『バダス・バイブル *The Badass Bible*』を書いたS・K・スミスは、混迷する現代を生き抜くためのひとつのエートス（心的態度）としてバダスを提唱する。

「目を見開いてまわりを見ろ。多様性なんかこれっぽっちもない。モノはあふれかえるほどあるが、どれも同じ。われわれの表面もつるんと包装されて、みな同じ。立ち上がって叫ぼう、もうたくさんだ、と。CEOのやつらが『ブランディング』と呼ぶものは、『洗脳』にすぎない。今こそ、こんなトレンドを逆流させるべき時だ」。

要約するとこんな感じだが、かくも力強いバダス宣言は、巨大ブランドのグローバル支配によって、世界中に同じモノ、同じスタイルがあふれて行き詰っている現代の情報消費社会へのまっとうな挑戦状とも見えてきて、なかなか小気味よい。

自分に対する絶対的な自信をもち、周囲とは同調しないが、言葉と身体と態度のデカさによってオレ様流に状況をコントロールする、バダス。具体的なイメージとしてはジャック・ニコルソンやヴァン・ディーゼル。ロシアのプーチン首相やヴァージン・グループの創設者リチャード・ブランソンをこのエートスをもつ成功者として挙げるメディアもある。

『バダス・バイブル』に関しては、「栓抜きなしでビール瓶を開ける方法」や「狼と取っ組みあって勝つ方法」なんていう原始的な指南もあるあたり、レトロで漫画的なマッチョ像全開で笑える本でもあるのだが。

日本でいえば、たとえば、ボクシングの亀田一家にバダス的エートスを感じる。

なぜ、彼らの振る舞いが、いちいちニュースになるのか。

世間の良識を逆なでする、ヤンキー精神（？）むき出しの言動。強くてなんぼというオレ様世界をつらぬく危なっかしさ。眉をひそめたくなることも多いのだが、「空気を読む」スキルを求められ、横並びの滑らかさを強いられることに閉塞感を感じていた現代人は、あの「アンチ品格」の言動にひそかに快感を覚えていたのではないか。

前方をかっと見据えて「けじめ」の謝罪会見をした坊主頭の興毅くんをもてはやす報道の裏に、現代日本人がかかえている抑圧を見る思いもする。

ダンディとはカテゴリーが異なるが、バダスもまた、表現の底流に「主流に対する抵抗」がある、という点で、ロマンティックな存在に見えてしまうことがある。

ミスター・レトロセクシュアルに備えよ

二〇〇八年公開の映画『インディ・ジョーンズ　クリスタル・スカルの王国』が六十三ヵ国で初登場第一位の快挙をなしとげ、興行収入においても歴代の記録を塗り替えた。十九年ぶりのインディ「復活」に、各メディアもお祭りさながらに沸き、それはおおいに楽しいことだった。

が、ちょっとこれは破格ではと戸惑ったのが、インディ・ジョーンズ＝ハリソン・フォードの持ちあげ方である。映画の枠を超えて、「こういう男の復活を待っていた！」とばかり、理想の男性像としてあちこちで引き合いに出された。女性が渇望していた「本物の男」。それが、狙った獲物をどこまでも追って必ず獲得する、タフで賢いインディ＝ハリソンのようなマッチョな男である、と。

たとえば、英タブロイド紙「デイリーメイル」は、「リアルマンの復活――女たちよ、ミスター・レトロセクシュアルに備えよ」と特集を組み、インディ＝ハリソンをモデルとして讃える。テストステロン（男性ホルモン）に由来する男の資質を今こそ誇り高く取り戻せ、とばかり褒め讃えられる「リアルマン」は、戯画的なまでにマッチョである。

「占星術や風水に頼ることなく、自分の頭で決定を下す」
「浴室に美容製品をごたごたもちこまない。シャワーを浴びて、ひげをそり、出る！」
「迷っても方角を人に聞かない。少し到着が遅れるだけ」
「本物の男にふさわしい速度は常に法定速度より五％上」
「映画版『セックス・アンド・ザ・シティ』を一緒に見にいく女などこの世に存在しない」

などなど。「笑い」をとるための誇張は入っているが。

一九六〇年代までは、こんな男がふつうにいた（たぶん）。七〇年代、フェミニズムの嵐吹き荒れる中、女たちは女の世界に関心をもたない男をバッシングし、その結果、八〇年代には女性のペースで人生の価値を共有しようとする「ニューマン（新しい男）」が生まれた。男の、女側への歩み寄りはさらに進み、九〇年代には繊細でモイスチャライザーが欠かせず、ケーキバイキングにも一緒に行くような「メトロセクシュアル」種が派生した。

それで女が納得したかというとそうではなく、不満がゴウゴウ噴出することになったのである。男を男たらしめていたテストステロンの香りよ、もう一度。二十一世紀の今、再び熱い視線を浴びるレトロセクシュアル像は、そんな流れの中に位置づけられる。

日本においても、巻き髪の読者モデルがぞろぞろ登場するようなファッション誌を見ていると、「好きな男性のタイプ」を聞かれて「オラオラ系」と答える女の子が圧倒的に多いことに気づく。オラオラ系とは、「オレについてこい」タイプの、強い態度の男子である（ただし、ルックスにホスト風味が必要であることと、二人になったときは甘えたところも見せなくてはいけないというあたり、昭和時代の亭主関白系よりもハードルは高い）。女性をリードしてくれる強くて頼りがいのある男性を求める傾向は、世界の都市部で強くなっているとみてよさそうである。

いまさらモイスチャライザーを手放せと言われても。はしごをはずされ、行き場を失った男性の当惑が目に見えるようではある。男性にニュートラルなバランスを崩させてしまったのは、女および女の味方であることで肥大していった情報消費文化の暗黙の圧力だったのではないかとも思うのだが、その女がいま、男がフェミニンに寄りすぎたことで困ることが出てきたため、女自身を救うべく、「男を救え」と言い始めている……。

二十一世紀の「強い男」は、フェミニンを恐れない

男性ホルモン香がぷんぷんしそうなバダスやレトロセクシュアルが脚光を浴びる一方、モードの世界では、「強い男」の新しい表現が見られ始めている。

たとえば、レースのブラウスにスカートをあわせ、フューシャピンクを中心にカラーコーディネイトする。

女性の装いではない。二〇〇九年春夏パリ・メンズコレクションで顕著だった、メンズモードのトレンドである。

二十世紀的な慣習を見慣れた目には、「女々しくなった」ひよわな男性像を連想してしまうかもしれない。しかし、デザイナーたちが提案しているのは、あくまでも強い男性像である。

男性モデルにスカートをはかせた《コム・デ・ギャルソン》の川久保玲は「(スカートは)民族的にも歴史的にも、〈男らしさ〉を強調するアイテム」という認識を述べているし、《ジバンシィ》のリカルド・ティッシは「自分に自信を持つ強い男は、フューシャピンクにもレースにも物怖じしない。勇敢なトライアルは、フェミニンを恐れない〈強い男性像〉を想起させるだろう」という考えを表明している(「ウィメンズ・ウエア・デイリー・ジャパン」Vol.1484)。

歴史的にみて、たしかに、レースもスカートもピンクも「男らしさ」の象徴としての一面をもっていた。だが、多くの現代人にとっては、あくまでそれらは女だけに許される要素である。男

性にとって、いまだ「タブー」色の強いアイテムであることはまちがいないだろう。

二十世紀をとおして、女性は長らくタブー視されてきた男性の要素をとりいれることで強くなっていった。いや、強くなることで男の要素を取り入れることにおそれがなくなったのか（顕著な例のひとつは、一九六六年のイヴ・サンローランのタキシードルック。女性が公の場面で二股に分かれたパンツを正装としてはくことがタブーとされた時代に衝撃を与えたが、フェミニズムの嵐のなか肯定され、以後、女性のパンツスタイルは定着し、女性の社会進出が加速度的に進む）。ともかく、女性の社会進出と、男性服の領域への侵犯は、セットになっていた。

二十一世紀には、その逆の現象が起こっているのかもしれない。

例外もあろうが、多くの面で圧倒的に優位に立っているように感じられるのは、女性のほうである。制度におしつぶされ、情報にふりまわされ、疲弊しきった男が、「女のように自由に、したたかに人生を楽しみたい」と思い、女性服の要素をどんどん取り入れ始めた……という物語を読みこむことは、不可能ではない。

ここで男が手に入れたいと願っているのは、社会進出のはずはなく、自由で、エネルギーと楽しみにあふれ、「個」として充実した二十一世紀的女の生き方、というか感情生活のあり方であるように見える（もちろん、現実のすべての女性がこんな人生を手に入れているわけではないが）。

いずれにせよ、いま、さまざまなメディアで登場している男性像は、「現代人の記憶にないほどの、超アナクロな〈男らしい〉男」ないし「女性の強さを臆せず取り入れる、これまでの歴史には見られない超新型の強い男」と見ることができるように思う。

どちらの男性像にせよ、背後に見えるのは、新しい、強くて自由な男のあり方を模索して右往左往している、自信を失いかけた男たちの焦燥感であるように感じる。

ホモソーシャルな男たちの聖域

右往左往する男のイメージばかりお伝えしてしまったが（そのほうが議論になりやすいというところがある）、もちろん、自信にあふれた男たちも健在である。

そんな男たちが実際に見られるのはどこか？　と探してみると、ホモソーシャルな「男の聖域」が多いことに気付いた。相変わらずダンディズムからは離れたまま、いま少しホモソーシャル（homosocial）について考えてみたい。

ホモソーシャルというのは、同性愛（ホモセクシュアル）とは別ものである。むしろ、ホモセクシュアルを毛嫌いするような異性愛者同士が築く、やや閉鎖的な関係である。そのなかで男たちは、愛情とは微妙に異なるけれど友情よりも濃い、「男同士の絆」を感じあい、結びつきを深める。

女は要らないのか？　といえばそうでもなくて、女はいちおう共通の欲望の対象、というかお飾りのような存在として必要とされる（こともある）。ただ、濃い情念を交わすのは、当の女ではなく、あくまで男同士。主君と家来が、同じ貴婦人を「愛」の対象とする中世の騎士道は、まさしくそのような世界である。体育会系の「部活」にかわいい女子マネージャーが一人、という世界も、それに近いところがあるかもしれない。

ホモソーシャルという概念を有名にしたのは、アメリカの英文学者、イヴ・K・セジウィックの著書である。『男同士の絆――イギリス文学とホモソーシャルな欲望』（上原早苗・亀沢美由紀訳、名古屋大学出版会、二〇〇一年）。原書（*Between Men: English Literature and Male Homosocial Desire*）は一九八五年に刊行されている。彼女のホモソーシャル理論は、男性社会を読み解くためのさまざまな示唆を与えてくれる。

ホモソーシャル、という視点から男性の世界を見直してみると、ファッションや芸能という、どちらかといえば「軟派」な分野においても、ホモソーシャルな欲望が見え隠れするとき、男性は自信にあふれた振る舞いをしていることが多いように見える。この場合の自信はマチスモと紙一重であることも少なくない。

では、それは具体的にどのようなものなのか。男が居場所を得たように輝いている「男の聖域」を、探ってみた。

【その二】ワイナリーにて

イタリアのヴェローナで毎年開催されている、ヴィニタリー（vinitaly）。クオリティの高いワインの国際的な見本市である。二〇〇八年四月の見本市の写真には、出品したワインを前に楽しげに肩を組む男たちの姿が見えるが、ややっ、その中の一人は、プレミアム・カジュアル・ブランド《ディーゼル》の社長、レンツォ・ロッソ氏ではないか！

ロッソ氏、なんとイタリア北東部に一〇〇ヘクタールにおよぶファームを購入して、ワインやオリーブオイルを生産していたのである。

ビジネスで成功をおさめた男が所有したがる〈サクセスの象徴〉には、ヨットだの競走馬だのがあるが、だんぜんマッチョ度が濃いのは、ワイナリーかもしれない。土と関わりながら多くの人を巻き込む事業だし、ぶどうの収穫が天候に左右されるというギャンブルめいたスリルもある。

さらにヨーロッパでは、ワイナリーの所有は、貴族の伝統を連想させることも多い。ちなみに、シャネル社のオーナー、ヴェルテメール家は、長い歴史を持ちながら資金不足のため低迷していたボルドーの「シャトー・ローザン・セグラ」を所有することで、このワインの名声を復活させ、社会からの尊敬をも集めている。

大地への夢や冒険スピリットを試され、社会的プライドも大満足な格の高い事業、それがワイナリー経営というわけか。

しかも、ロッソ氏、ワインづくりの技術的サポートをするコンサルタントに、ロベルト・チプレッソ氏を選んでいるのだが、実はこの二人は同郷で友人同士。情熱を共有する同郷の友人と、わいわいワインづくり。ホモソーシャルな美しき関係である。

「ディーゼル・ファームでのワインづくりは、長い間忘れ去られていた傑作の修復に参加するようなものでした」とチプレッソ氏は語る。「自分のワイン」をミーティングやパーティーで振舞うという家父長的な喜び、もとい、男の心意気に輝くロッソ氏の誇らしげな顔を想像すると、「傑作の修復」とは失われつつあるマチスモの修復のようにも思えてくるのである。

【その二】男よ、ひとりで仕立て屋へ

密室、と呼びたくなる空間で、テイラーは客のからだのあちこちに触れながら、いったい何を話しているのか？

「右ですか？　左ですか？　近頃は政治に関係なく左寄りの方が多いようですが」

「ナニは吹流しのように自由自在だ」

たとえば、映画『テイラー・オブ・パナマ』の仕立て屋ジェフリー・ラッシュと、客を装うスパイ、ピアース・ブロスナンは、右のような会話をしつつ、お互いの肚の探り合いをする。

テイラーが「右か、左か」を聞くというのは都市伝説、という評論家もいれば、はき心地のよいトラウザーズをつくるためにやはり普段の定位置をお聞きする、というテイラーもいる。いずれにせよ、女には縁遠い会話。お仕立てスーツの世界、そこもまた、男の聖域かもしれない。

もちろん、妻や恋人が洋服店に同行して服地選びをする、という光景は、日本ではよく目にする。が、これは日本男児がお手本にするイタリアやイギリスでは、ありえないことであるらしい。「イタリアでは、女性を洋服屋に連れてくる男は、嫌われます。男の洋服は男が決めるもの、というのが彼らの考え方です」と教えてくれるのは、東京・銀座の高橋洋服店社長、高橋純さんである。

でも、女性にうける服を選びたいと考える男が、女性のアドバイスに耳を傾けるのは自然では？

「イタリアの男だって、女性にモテるためにおしゃれをしますよ。ただ、イタリアの男は、自分で自分の服を、責任をもって選ぶ。その結果、ホンモノの自信や着こなしが身について、モテることにつながるのですね」

なるほど〜。そういえば、ロンドンのスーツの聖地、サヴィル・ロウにも女性同伴の客の姿はほとんど見かけない。「男の服に関して、女の口出しは無用」という雰囲気が濃厚に漂う。男の世界。だからこそ、『テイラー・オブ・パナマ』に出てくる洋服店もそうだが、ジェントルメンズ・サロンのような働きをする店もあるようだ。政治経済界で活躍するお客さまも多い、老舗の高橋さんのお店はいかがでしょう?

「お客さまがぶらっとお立ち寄りになることはあります。店で偶然会って、おや、お前もここか、おれはこの店、長いんだよ、なんて話が始まることも」

お店とのつきあいの長さ自慢。それもまた、マッチョな男性にしばしば観察できる傾向のひとつかもしれない。

「たしかに、『おれ長いんだよ』『いつもと同じね』というあたりに、男の美学はありますね」と高橋さんは分析する。床屋と洋服屋は「行きつけ」をもっていて、黙っていても「いつもと同じ」に仕上がるのがいい、というような。

ただし、そんな境地に至るには、「最初の二〜三着は月謝」とでんと構えられる経済力、およびテイラーとの信頼関係を築いていく人間力が試される。スーツを「ファッション」とは別物にするのは、こんな男っぷりだ。

「この前とは違う、新しいもの」を常に求め続ける女とは、そこが決定的に違いますね？

「でも、最近の若い男性に増えてきたんですよ、ひとつの店で一着つくっては別の店に行く、〈スタンプラリー〉が」と、高橋さんはちょっと苦い顔。

「いつもの」をよしとするクラシックなスーツ界をぽんぽんとスタンプラリーしていく、いまどきの若い男性……。老舗テイラーのシブい顔が目に見えるようだ。どっちにせよ、男たちは「女性に好感をもってもらいたい」との思いを心の片隅に抱きつつ、新しい服をつくる。

その気持ちを嬉しく思うパートナーの大和撫子がすべきことは、親身になって服地を選んであげることではなく、「自分で選ばせ、自信をもってもらうこと」であるようだ。


【その三】豪奢に靴を磨く、熱い思いの騎士団

盛装した男たちが大勢、シャンパーニュや葉巻を片手に笑い、語らっている。

シャンデリアと真っ白なテーブルクロスがまぶしい高級レストランの一室で、〈アフターディナーのお楽しみ〉にしてこの日のメインイベントが始まる。それは……。

靴磨き、である。おのおのが今履いている靴を脱ぎ、それをテーブルクロスの上に置く。ヴェネチアリネンを指に巻きつけ、ワックスを取り出し、愛おしそうに靴を磨き始める。皮膜ができると、少量のシャンパーニュをたらして艶を出していく。

体力を要するらしく、汗ばんできた男たちは、上着も脱ぎ始める。靴をテーブルの上に置くことといい、靴下姿といい、上着脱ぎといい、「マナー違反」ばかりなのに、見ていると笑みがこぼれてくる。

お行儀の悪い振る舞いがサマになるのは、古来、上流階級の人々だけであった。事実、彼らの多くは「車もお風呂も掃除したことがない」ような、恵まれた立場の方々である。なのに、なぜ、靴を磨くのか？

靴が《ベルルッティ》だから、である。この靴磨きの会こそ、クラブ・スワン。始まりは一九九二年のこと。オルガ・ベルルッティは、自分のデザインしたスーリエ（《ベルルッティ》の靴は、特別にこう呼ばれる）の愛好家を招き、パリの五つ星、オテル・ド・クリヨンでディナーを開催した。マダム・オルガのトークが佳境に入ると、男たちのスーリエへの衝動はもはや抑えきれず、たまらず自分の靴を脱いで磨き始めた……という伝説が残る。

スワンとは、プルーストの『失われた時を求めて』の登場人物である。俗世間の価値とは異なる次元に生きる、ロマンティックなスワンの価値を共有する男たちのクラブ、という意味もこめられる。以後、「退屈じゃない」ゲスト同士の交流会が、ホテル・リッツ、プラザ・アテネなどで開催され、二〇〇五年十一月には東京のジョエル・ロブションでも行われた。

「カワゲ」と命名された荒々しい色づけ仕上げ方法があるほど《ベルルッティ》と縁の深い河毛俊作さんは、こんなお話をしてくれた。「色がどんどん変わっていくのが、楽しいよね。ラグビーやってた少年時代を思い出すんだよ。一年坊主は、ぼろぼろになったボールを磨かされてね。スピット&ポリッシュ（唾を加えながら磨く、軍隊に起源を発する方法）で磨いていくと、だんだんボールの色が変わっていくんだよ。靴を磨きながら、ボールを磨いたあの頃のことも思い出すんだよね……」

濃いサングラスの奥に隠されているのは、少年の頃の瞳の輝きであろうか。

それにしても恐るべきは、《ベルルッティ》の靴である。何が男たちをそこまでさせるのか？「魔力がある」とある愛用者は言う。また「履いたとたん、禁断の扉を開けた気がした」と話す男もいる。「靴自身が、語りかけてくる」「履いたときの高揚感が」「魂が」「詩が」……それこそあなたはスワン？　という表現がどんどん出てくる。その秘密は、《ベルルッティ》の靴の美しさだけではないようである。

マダム・オルガは「ラピエセ・ルプルゼ」（革につぎはぎをする！）とか「タトゥアージュ」（タトゥーを入れる！）など、ぎょっとするほど大胆な作品も次々に発表しているのだ。そんな新作は、マダム・オルガが、「その時代のいちばんダンディな紳士」を想定して作るのだという。冒険的な新作は、「限界にチャレンジしている男性への贈り物」として発表される。

そんな、男を奮い立たせるようなマダムの思いにこたえないようなヤツは、男じゃないってものだろう。かくしてマダム・オルガを慕い、彼女の周りに集い、男たちは、靴を磨き始める。そんな彼らを、マダム・オルガは「わたしのシュヴァリエ（騎士）たち」と呼ぶ。ああ、女として一度は言ってみたいセリフである。

【その四】梨園——時代に迎合しない、オレ様芸術

もう男の聖域なんぞ残っていない……と思いきや、おっと、ありました、「野郎だけ」の美しき世界が。都会のどまんなかに、そこだけぽっかりと異次元空間のごとく、絢爛と光り輝く男の聖域、歌舞伎の世界が。

職業選択の自由が許され、万人は平等ゆえに実力次第で出世が決まることになっているこの時代に、歌舞伎界の男だけは「不自由」で「不平等」に見える。生まれながらに歌舞伎役者になることを運命づけられ、幼少時から舞台に立ち、時が満ちれば出世魚のように襲名していく。そうして脚光を浴びる歌舞伎エリートはほとんど血縁のある御曹司で、基本的にはどんなに実力があっても、門閥の外ならば「出世」は見込めない。ほかの世界ならば時代錯誤ものである。

ああしかし。歌舞伎界は世の中がどう変わろうと、もはやおとぎ話レベルの昔々の秩序を淡々と守り抜く。時流など知らん。歌舞伎は歌舞伎だ。この頑なさこそが、おそらくその不動性ゆえに、歌舞伎ワールドにファンタジーの色合いを与えているのではないか。

中村獅童も、市川海老蔵も染五郎も、歌舞伎の国の王子様。庶民国の最新モードをまとった姿がひときわセクシーなのは、「あら、越境していらして」とあらぬドキドキを感じてしまうこちらの妄想のせいか。

大昔からのスタイルをそのまま踏襲することが、歌舞伎の命脈。とはいえ、アクロバティックな「スーパー歌舞伎」もあり、実は時代に応じた工夫をさりげなく行なっていたりするものなのか？　長年、歌舞伎の大道具に携わる裏方さんが、そんな愚問にさらっと答えてくれた。

「時代に合わせて変わっていくなんて、ほかのお芝居にまかせておけばよいこと。歌舞伎は、変わる必要がないんです。変わらないことに意義があるんですよ」

時代に迎合などしない歌舞伎は、観客が学ばなくてはならない約束事やお決まりの様式で成り立っている「オレ様」芸術でもある。黒衣《くろご》が登場しても見えていないものと思え、とか、座っていても「寝の形」をとったら寝ているとみなせ、とか。ど素人の観客にはやさしくないのである。ところが、あ〜はいはい、と約束事をひとつひとつ覚え、せりふのリズムに身をゆだねるうちに、「序・破・急」のペースでオレ様世界に巻き込まれていく自分を発見するのである。

たとえば穏やかだった鳴神上人さまの顔が隈取りの怒り顔に変わり、ぶっかえり（一瞬の衣装替え）で本性を現して暴れまわる荒事のクライマックスを迎える頃には、高飛車な「オレ様」のハートに少し近づけたかしらという障壁克服の喜びがこみ上げてきたりする。ややマゾな快感。

シュールなお約束事の極め付きが、女形であろうか。立ち居振る舞いがどんなに「女より女らしい」と褒めたたえられようと、どんなに色っぽい流し目を決めようと、どんなにあでやかな拵えで登場しようと……隠しようもなく男じゃないの！　すらりとした小顔の福助さまだって、現代美女が太刀打ちできぬ妖艶さとはいえ、男の気配を（あえて）完全には消し去っていないように感じる。

「女ってことで」と了解を強いながらも、「男でもあり、女でもある」この世のものならぬ女形。そのファンタスティックな異形ゆえに一挙一動を食い入るように見てしまい、これまた気がつけば、世俗的な性別など意味をなさぬワンダーランドのキャラクターにすっかり虜になっている。

時代がどう流れようと、ストイックに、自信に満ちて、「オレ様が正しさの中心である」と揺るがず行動し続ける、魂の筋肉が太い男。これぞマッチョにほかならない。

以上四つの、(一般の男性にとっては)ややおしゃれすぎるかもしれない事例からなにか結論めいたものを引き出すのは気がひけるが、考えてみれば、場面を変えても、次のようなマッチョな振る舞いが許されるホモソーシャルな場において、男性は元気であることが多いように見える。
●冒険スピリットを試され、社会的プライドも満足する事業を通じ、家父長的に振る舞う。
●黙っていても「いつもと同じ」が出てくるような、店主との絆をもつ。
●限界に挑戦する男の味方である女王の下で、騎士団のような連帯でつながる。
●時代の流れに関わらず、正しさの中心として存在し、周囲を自分のルールに従わせる。
(周囲が迷惑かどうかは、この際、考慮しない)。

ニュー・ブリティッシュ・ジェントルマン(NBG)の誕生

さて、だいぶ寄り道したが、マッチョに走らない、もうひとつの男性像にもスポットライトが当たっているので紹介したい。これもまた、絶滅危惧種であったのだが、確たる価値が不在の現代に、再び表舞台に引っ張りあげられることとなった。

ブリティッシュ・ジェントルマンである。

英「タイムズ」紙が報じるところによると、イギリスの老舗ブランドであるダンヒルが「ニュー・ブリティッシュ・ジェントルマン(New British Gentleman)」、頭文字をとって「NBG」を定義するレポート作成に関わっている。NBGの行動や服装の規範たるモデルとして集められたのは、モダンブリテンを象徴する華やかな男ばかりである。

レストラン「セント・ジョン」のスターシェフ、ファーガス・ヘンダーソン。「ヴォーグ」「グラマー」「GQ」誌などを出版する英コンデナスト社のディレクター、ニコラス・コールリッジ。英文学史に燦然と輝くサミュエル・テイラー・コールリッジの子孫にあたる。そして二十四時間コンシェルジュ・サービス「クインテッセンシャリー」の創設者のひとり、ベン・エリオット。チャールズ皇太子の二度目の妻、かのコーンウォール公爵夫人カミラは、彼のおばである。

スターシェフ、雑誌編集者にして経営者、「不可能を可能にする」セレブサービスの創設者。こうした職業こそ二十一世紀を象徴するような新しさを感じさせるのだが、ダンヒルのイメージディレクター、ヤン・ドゥヴェル・ド・モントビィが語るNBGの資質は、肩透かしをくらうほどオールドファッションである。

「女性の扱いが丁寧で、寛容でなくてはならない。優しいけれど志操堅固、決然としていてユーモアのセンスも具えているのが本物のジェントルマン」と。

思えば、どんなに時代が変わろうともジェントルマン像が生き続けてきたのは、可塑性があったからである。時代に応じて読み換え可能な部分があったがゆえに、数百年も死に絶えることがなかったのである。いま、再び不死鳥のように蘇った二十一世紀型ジェントルマンは、英「タイムズ」紙のウィリアム・ドルーの総括によれば、具体的に、次のような行動をとる。変わらぬ理念もあるが、3、4、6、8、9は二十一世紀に初登場した項目かと思う。

1 「プリーズ」と「サンキュー」を言う。自分のことを話すよりも、相手のことを質問する。
2 時間厳守。遅刻はあなたを重要人物には見せず、自分の時間が人の時間よりも大切と考える傲慢な無能者に見せる。
3 地球のことを考える。環境に配慮せよ。
4 人のためにドアを開け、人が入ってきたら立ちあがる。女性に対してばかりではなく、男性に対してもこれを行え。現代のジェントルマンは女性を陶器のようには扱わない。
5 謙虚である。自慢は断固として非紳士的である。
6 よき父である。子の養育を女性にまかせっきりにする男は魅力に欠ける。
7 自分の出自をごまかさない。偽装は勇気なき者のすることである。
8 軽い恋のようなふざけあい（フラート）を。誰とでも。よいフラーティングは礼儀正しさの一形式である。ほめことばを惜しまず、相手を心地よくくつろがせよ。
9 たえまなく携帯をいじるのは厳禁。
10 服装をきちんと整える。どんなスタイルを採用しようと、だらしなさやみすぼらしさとは無縁でいること。

紳士道のオリジンでもある騎士道も、高潔・勇気・寛大さなど高い理想を掲げていたが、それは現実がその反対だったからである。今、声高に唱えられるNBG像に透けて見えるのも、理想とは逆の現実である。でも、こんな理想を実現する男が増えれば世の中の空気はどれほど快くなることであろう。いつの時代においても虚構の理想に向かって努力できるドン・キホーテ資質こそが男のチャームを磨いていくのだ、と男性たちの背中を押したい気分になる（女はほんとうに勝手である）。

以上、現代においてさまざまなメディアに現れたり、議論の対象になったりしている「男らしさ」のイメージを、ざっと概観してきた。

メトロセクシュアルの反動としてのバダスの台頭、レトロセクシュアルの復権、フェミニンをも恐れない超新型男の提案、ホモソーシャルな世界におけるマチスモの継承、ニュー・ブリティッシュ・ジェントルマンの提唱……。

イメージはてんでんバラバラにも見えるが、底流にあるものは同じである。たしかな価値基準が不在の時代における男の魅力とはなにか？　という永遠のテーマが追求されている点。

その答えは、たぶん、「個」の数だけ存在する。模索され続けるさまざまな男のイメージに寄り添ったり反撥したりしながら、二十一世紀においても、「個」の問題たるダンディズムはその表現を変え、時代とともにあり続けるだろう（あり続けてほしい）。

4　日本におけるダンディズム

本書はおもに、イギリス文化の精華としてのダンディズムを考えて、イギリス（アメリカも混じったが）の具体例ばかりを取り上げてきたのだが、当然のように、想定される疑問がある。「では、日本におけるダンディズムって、どんなものなのか？」

基本的にダンディズムは、階級意識が振る舞いを決定し、アイロニーやデタッチメント（心的距離を置くこと）が積極的な魅力として機能する伝統をもつ国の文化で成立しえた話であるように感じている。もちろん、西洋経由でのダンディズムを身につけた日本のすてきな男性たちの例は何人も挙げられよう（永井荷風、吉田健一、伊丹十三、澁澤龍彥、生田耕作……）が、そこに類似や比較の対象を無理やり見るのも、かすかな違和感を覚える。さらに、「ダンディズム」と「粋」を比べようったって、「ダンディ」と「傾《かぶ》き者」を比べようったって、それぞれ、まったく異なる固有の土壌から生まれたものであるから、各土壌をていねいに具体的に見ていく必要があり、それはそれで本書の枠を超える気の遠くなるような課題であるように感じられる。

とはいえ、文化の違いを超えた、日本にも通じあうメンタリティというものにふれずに済ますこともまかりならないようである。

現代日本において、ダンディズムが成立しうるとすれば、それはいったいどのような表現をとるのだろうか。

無難こそ最高の戦略

ダンディズムは主流の価値観に逆行するような、「個」のいぶした輝きである。あくまで、とりかえのきかない「個」が立ってこそ成り立つ概念である。

しかし、日本においては、「個」を主張することが、そもそも難しい。それがときに不可能に近くなるという例は、冠婚葬祭のフォーマルウエアにおいて、もっともよく表れる。

たとえば、結婚披露宴帰りの男性がほぼ全員、黒いスーツに白いネクタイ姿で大きな紙袋を提げている。あの光景は、異文化圏の人の目に「奇妙だし、コワい」と映るようである。

イギリスの結婚式では参列者が「オッドベスト」と呼ばれる派手な刺繍入りベストを着たりして、思い思いに、華やかに装っている光景を何度も目撃したし、アメリカのブッシュ前大統領がテキサスで娘の結婚式に参列したとき（二〇〇八年五月）はブルーのネクタイを着用していた。みんなそろっての「黒スーツに白ネクタイ」は、日本特有のフォーマルウエアであるようだ。ルールを考案したのは、創業一八九四年の日本のフォーマルウエアの老舗、《カインドウェア》とされている。

紋付袴に代わり、略礼服として黒のスーツを日本に根付かせた。黒スーツを一着もっていれば汎用性が広く、ネクタイに関しては「白はおめでた」「黒は不祝儀」ということにしておけば、(ただでさえ忙しくなるオケージョンに)よけいなことに頭を悩ませる必要もない。

このシンプルなルールが、洋装にまだ自信のなかった時代の日本人に、ぴたりと合った。

それから時を経た。これだけグローバル化がすすむ現在ならば、もっと個性的な装いも「アリ」となっていいはずなのだが、しかし、日本人はいまなおこの基本を大きく変えようとしない。なぜなのか。

服装程度の「小事」においては、あえて個性を発揮して目立つよりは、大勢のなかに無難に埋没するほうを選ぶ。そんな「無個性」好み、「埋没」志向は、単にめんどうくささの表れか、あるいは流れに従っておけばとりあえず安心、という小心の裏返しなのかもしれない。実際、そのように批判し、「フォーマルウエアにもっと個性を」とあおり、「意識改革」を推進しようというメディアはあとをたたない。

しかし同時に、ここには、日本人特有のダンディズムを考えるうえで、重要な手がかりになる鍵も隠されているように感じられてならない。

羞恥と照れ

ブランメルがもうどうしたってかっこいいのは、人間のあらゆる情熱や好奇心や放縦を、淡々と冷めた態度で一蹴してしまうからである。経済力や権力に対しても、その価値を絶対と信じ、恥ずかしげもなくふりかざす人を、あっさりと見下し、鋭く軽蔑を表明した（国王に対しても貫いたがために、社交界から追放されることになるのだが、そんな危険すら辞さなかった）。思いや信念や行動が、まったく無批判に、単純な太い一方向に向かうことに対して、ささやかに優雅に抵抗する（シュプレヒコールを上げるのではなく）。私がダンディズムに深い共感をおぼえてやまないのは、まさにこの点である。

地球環境や人道的に善なる行為をすること、常に向上心をもってがんばること、「成功」に向かって邁進すること、そうしたことはもちろんすばらしいとは思い、心がけるようにはしているが、その価値をことさらに、唯一絶対の真実であるかのように、何の疑問もさしはさむことなく大声で公言する態度に出会うと、反射的に「ああ、恥ずかしい……」と縮み入ってしまう。「ぐいぐいと前進する」ためには、シンプルな正論ほど強いものはないだろうが、これほど鬱陶しくて、時に危険ですらあるものもない（「お国のために」が絶対正義として声高に唱えられた時代、これを恥ずかしいと思い、疑問視する個々人の態度の表明が許されるような社会であれば、少しは歴史の流れも変わっていたのではないか、とすら夢想する）。

現代において、コマーシャリズムが「善」の顔をして称揚する「個性」「自分らしさ」という価値にしても、よくよく考えてみれば、一元的な価値の押し付けと言えなくもない。

ひょっとしたら、多くの日本男性は、そんな単純すぎる価値の押し付けに対し、心の奥底で、この種の羞恥心を感じているのではないだろうか。

ファッション誌から飛び出してきたような装い、あるいは「自分らしさ」なるものを表現する個性的な装いをしようと思えば、できる。

だが、そんな薄っぺらいファッション価値に唯々諾々としたがうほど、恥ずかしいことはない。そんな恥さらしをするくらいなら、大多数のなかに「埋没」しているほうがよほどすがすがしい。日本男児のフォーマルウエアにおける「無個性」は、そんな、つつましい羞恥心に支えられた「意志的な無個性」として見ることも可能である。

「個性的な装いをよしとする、という一元的ファッション価値に対する抵抗」であるならば、その態度は、ブランメルのデタッチメントにも通じる、ダンディズムの一種である。日本特有の画一的なフォーマルウエアの光景に、そんなダンディズムを読み取ることも不可能ではないのである（かなりのアクロバット的読解は承知の上……）。

山の手のおじいさんの野暮

男性ファッションに関する著書も多いイラストレーターの穂積和夫さんと、日本人にとってのダンディズムをテーマに対談したとき、喜寿を超えた粋な着物姿の穂積さんは、着物のダンディズムに関して、こんな話をしてくださった（「日本男児のダンディズムとは？」http://openers.jp/culture/nakano_kaori/index.html）。

「僕は下町生まれなんですが、ぎんぎんに粋っていうのが、こっ恥ずかしくて、だめなんですよ。どこか少し野暮がいい。野暮っていうのは、下町に対して山の手の野暮というか。山の手のお父さん、おじいさんのような感じでいきたいなあ、と」

アイビールックも極め、トラディショナルなメンズファッションをひととおり愉しみつくした果てに着物に行きついた、というこの穂積さんの感覚は、ふつうの日本の男性が共感できる美意識でもあるのではないかと思う。ぎんぎんの粋はダメ、むしろ野暮なおじいさんの感じのほうがかっこいい、という、まっとう感あふれる美意識。

江戸時代の商人の粋の例として、彼らが「表地は木綿なのに裏地は絹」、という特注着物を着た話がしばしば引き合いに出される。現代でも、「裏地に凝るのがほんとうのおしゃれ」「見えないところに凝るのが真のダンディ」といかにもお金がかかっていそうな裏地やディテールがついたスーツを見せられることがあるが、正直言って、これほどいたたまれなくなるものもない。

見える部分であれ見えない部分であれ、粋をてらうことには、その人の自己顕示欲とか、承認願望のようなものが、どうしたってちらついてしまう（まあ、かわいいといえばかわいいメンタリティではあるのだけれど……）。

「ぎんぎんの粋よりも、山の手のおじいさんの野暮」をよしとする感覚は、そんな通俗的になってしまった「粋」に対する照れや羞恥心が働いた結果で、これもまた日本的ダンディズムの一種であろう。

ちょい不良《ワル》おやじの偽悪

もちろん、この場合においても、「ダンディズムはあくまで相対的であるから、時代に応じて異なる表現をとる」という法則は働く。

「品よいおじいさんの野暮」がよき美意識として定着するなか、「いやあ、おれって田舎もんだからさ、ロレックスのいちばん派手なの買っちゃったよ」などと言いつつ、あえて軽薄ぶって悪目立ちする時計をつけてしまう偽悪的行為が、逆に風通しのよさを感じさせることがある。

善良さやよき趣味を自慢するくらいならむしろ、悪ぶったほうがはるかにマシ、というオスカー・ワイルドの偽悪にも通じるダンディズムを感じるのである。

「ちょい不良《ワル》」ブーム当初（二〇〇四年あたり）の、演技的でうさんくさい軽佻浮薄っぷりには、たしかにこの種の偽悪的な楽しさがあった。ボタンを胸元まで開けてネックレスをちらつかせ、「セクシーだろう」演出のいかがわしさ。これ見よがしの拝金主義。あからさまなブランド（というか広告主）礼賛。もちろん、「良識的」な紳士たちはみな「頭が痛い」「品がなさすぎる」と眉をひそめた。当然である。だが、私はその良識破壊的な偽悪っぷりをなんとも痛快に感じ、ちょい不良な雑誌を毎号、喜んで買っていたのだった。

日本男児が伝統的にホモソーシャルな世界で暗黙裡に守り合い続けてきた、深い慎みのある「あえての、山の手のおじいさんの野暮」に対する偽悪的抵抗でもあったと解釈すれば、あのちょい不良おやじ（あくまで初期の）もまた、日本型ダンディの一変種とみなすことができるように思う（もちろん、なんの疑問もさしはさまずに単純な表層だけの模倣に走ったプライドなき同胞たちには、ダンディズムのかけらもなかったことは、言うまでもない）。

ただ、当初は爽快な掟破りだったちょい不良も、メジャーになり、社会現象になるにつれて、暑苦しさを帯びるようになっていったのは、「主流になれば輝きが失せる」というダンディズムの宿命だったのだろうか。

「みんな」って、誰？

ダンディズムは一元的な定義で「確定」「要約」できるような単純なものではなく、常に社会の動きとともにあり、社会の主流の価値観に相対する、矛盾を抱えた「個」の問題であるゆえ、たえずその表現がダイヤモンドのような多面体として複雑に変わり続けること、日本においても同じである。

本書の原稿を通読した男性編集者から、次のような忌憚のない言葉をいただいた。

「読めば読むほど、今の日本でダンディズムが求められるとは、到底思えない」

ほんとうにその通りである。

まず、日本の男性はダンディズムを語られることを、疎ましく思う傾向にある。そんなことはそれぞれが心に秘めていればいいのであって、他人からいちいち教わるものではない、というような。

メンズファッション誌からこのテーマの原稿依頼が来るとき、とにかく注文が複雑であることが多い。「ダンディズムについて書いてほしいんですけど、教条主義的なのは読者の反撥を買うし、個人のダンディズムがどうこうみたいなのも誰も読みたくないし、今さら歴史のうんちくは遠慮したいし、だったらダンディズムの記事を作らなければよさそうなものなのですが、作りたいのです、できるだけ風通しのいい感じで」というのは最近の一例である。多くの日本人の、ダンディズムに対する思いが少しはわかった気がした言葉であった。

しかも、ダンディズムは基本的に輸入概念、「あちらのもの」という意識が、日本には根強い。いちいち時流に対してつっぱるようなしんどいことをしなくても、演技的な表層をつくらなくても、階級意識などほとんど意味をなさない日本では、さらさらと自然体で過ごしていれば、そこそこ幸福でいられる。メンズ化粧品やファッションに興味を示し、女の子とケーキバイキングにも行く男性は、日本でも「新しい男性像」として話題になった。ただし、「メトロセクシュアル」としてではなく、おっとりと家族と仲良く過ごす、環境順応型の「草食系男子」として。欧米的な先鋭的「メトロセクシュアル」の様相を示した層は、日本全体から見れば、ごく一部の、「欧米化」した限られた層だったのである。

つくづく、日本では、ダンディズムなど求められてはいないなあ、と思う。

それでも。

「草食系」日本男児を見ていると、「みんな」が買うものを買っておけば安心、「みんな」と同じようなデートをしていれば幸せ、「みんな」と一緒のことをしていればたたかれずにすむ……と、表面上は、「みんな」主導型で、激しい葛藤もなく、それはそれでよいのではないかとも見える。ところがいったん陰に回ると、ネットには膨大な量の匿名の中傷が飛び交い、週刊誌では「狙われた」有名人がこれでもかと攻撃される……。なにか、日本全体が、どんよりと、ぬけがけを許さない嫉妬とうっぷんでできた厚い雲に覆われているのではないかと錯覚することすらある。

こんな社会で、「みんな」が向かう流れに逆らうことは、ほとんど愚行でしかないようにも見える。だが、あからさまな反対表明をせずとも、せめて、とりあえず立ち止まり、必要とあらば、優雅に軽蔑したり超越したりしてみせることで、気持ちの上で、「優位に立つ」ことはできる。これはどこにも角が立たないどころか、むだな嫉妬とも無縁でいられて、精神衛生上もいい。この「スキル」（「みんな」に受け入れられやすいように、こう書いてみました）は、争いごとを好まない日本においてこそ有効ではないか、とも感じるのだが。

……おっと、いちばん嫌われる教条主義に陥りそうになった。

ただ、つるんとした単純な明快さが幅をきかせ、どす黒さを隠した横並びの風潮が蔓延する現代日本の不気味な圧力に息苦しくなったとき、私はダンディズムに思いを馳せてみたくなるのである。

屈折と矛盾を内包し、見栄っ張りで、何の役にも立たず、抵抗するためだけに抵抗し続けたような「個」の、ロマンティックで英雄的な（たとえそれが自己満足であろうと）表現としてのダンディズムに、壮大な落日の美しさを重ねてみたくなるのである。

なぜ私はダンディズムにとりつかれているのか？——あとがきにかえて

あるビジネスウーマン主宰の会合で、参加者がひとことずつ、スピーチをする場面があった。東京大学教授の黒田玲子さんは、「教養」に関するすばらしい定義を披露された。

「教養とは、自分の立ち位置を知ること」

地球上の生物の長い生命の歴史における人類の位置、広い宇宙における地球の位置、さらにそのちっぽけな地球における日本の地理的・政治的な位置、そんなことを学ぶことによって、自分が歴史的に、地理的に、どのような立ち位置にいるのかを把握すること、それが教養である、と。

ひるがえって、自分はどんな立ち位置にいるのか？　と考えてみたときに、教養をまったく欠いていることを思い知った（教育期間と教養との間に、比例関係はない）。

自分の客観的な立ち位置など、いまだにぼんやりとしている。ときどき、原稿に集中しているときなど、自分の関心が他人にとっても大きな位置を占めるかのように錯覚しそうになることさえある（新聞の見出しを見て、世の中には世間の注目に値する重大事がありすぎるほどあり、私のささやかな関心事など誰ひとりとして気にしていないことを思い知る）。自分の立ち位置を常に冷静に自覚しているというのは、少なくとも私にとっては、常に意識的な努力を求められ続けることでもある。

でもここでは私なりに、女の自分が、いかなる立場から、男だけに任せておいてもよい話でもありそうなダンディズムを論じようとしているのか、読者のみなさまのためには明らかにしておかなくてはならない。


さかのぼること約二十年前、大学院でイギリス文化を研究していた。

イギリス文化を深く知ろうとすれば、階級、および階級意識を避けて通れないこと。

階級意識は、多くの場合、ライフスタイル、とくに都市部ではファッションに表れること。

それゆえ、逆にファッションを通して、イギリスの社会を語ることが可能であること。

そう直感した私は、男の服装の価値基準を変えることで結果的に市民革命を後押ししたとも位置づけられるボー・ブランメルの服装術でも研究してみようかと思った。彼の服飾美学・振る舞いの美学たるダンディズムを分析することで、社会の構造を浮かび上がらせることができる、と考えた（青かった）。

が、当時は、アカデミズムでファッションを扱うというと、あからさまな失笑を浴びた。ファッションを大学で扱ってよいのは女子大の家政学部系、という認識が根強く存在し、少なくとも、私が属していた大学では、ファッション研究の前例がなかった。ファッション＝お裁縫、という漠然とした了解が、広く共有されていたように思う。まったくなんの皮肉もなしに、心から親身に、「服飾専門学校へ行けばいいのではないか」と助言してくださる方もいた（日本の一般社会において、現在でもその認識は大きくは変わっていない。異業種の集まりに行くと、私はしばしば「ファッション・アドバイザー」「ファッション・デザイナー」と紹介されたりして冷や汗が流れることがある。断るまでもないが、そうした職業を見上げたり見下したりしているわけでは全くない)。

いやそもそも、学問になるかならないかという問題以前に、服装のことを云々するのは、少なくとも大の男のやることではない、といった意識をひしひしと感じた。ファッションにかかずらうのは、上っ面ばかり気にして深慮を欠く軽薄な人間、といった根強い偏見があった。「弊衣破帽」をよしとする伝統をひきずる日本の男性においては、それはきわめて普通の感覚かもしれない、と私も思い、目立たないよう、ひっそりと、研究なのか趣味なのかわからないような資料調査を、手探りですすめていた。

「ファッションなんか研究していても、どこにも〈就職〉のお世話をしてあげられないが、英語教師としてのディシプリンがあれば、つぶしがきく。教職を得ようと思うなら、ジェーン・オースティンの作品のなかの服装描写なんかを研究してみたら」と親切に助言してくれる教授もいた。

手堅い処世術だと思った。が、オースティンと聞いて映画『オースティン・パワーズ』のおバカ・シーンを脳内再生してしまうような人間に、それは難しすぎる課題だった。修士論文の厳しい審査をやっとのことで通過したが、ファッション研究に対する偏見を払拭する力もガッツもなく、小さくなって遠慮しているうちに、アカデミズムと縁遠くなっていった。

遠慮していた理由は、研究の対象がファッションだからという理由ばかりではなかった。在学中から雑誌ライターの仕事をはじめ、大学院在学中も、映画評論などをファッション雑誌に書き続けていた。今から思えば過剰な自意識で「ばっかみたい」だと思うが、当時は「学問に集中しないでフラフラしおって、学問をなめている、と見られているんじゃないか」と勝手に自己卑下し、肩身の狭い思いをしていた。でも、八〇年代というのは映画が鮮烈に輝いていた時代で（デイヴィッド・リンチにジム・ジャームッシュ、ケン・ラッセルにピーター・グリーナウェイ）、しかも今と違い、まだ、公開前に映画を見るということにやや特権的なありがたみがあった。ライターをやめるなんて選択肢は考えられなかった。

そんなこんなで、どっちつかずの宙ぶらりんな生活を続けていたのだが、結局、自然と、求めてくれる人が少しでもいるほうの世界に重心が移っていった。旅行記事、腕時計論、インタビュー記事、ブランドの紹介記事、男性論、香水論、最新モード論などなど、時代に密着した記事をなんでも書いているうちに、かつて一笑に付された、「ファッションを通して社会や文化を浮かび上がらせる」というビジョンを再び夢見るようになった。

その間、「やり残している」とひきずっていたことがずっとあり、それが、ほかならぬ、ダンディズム問題である。

これを伝統的な学問研究のように破綻のない厳密な手続きで扱うことは、なんだかそぐわない気がしていた。ファッションというのはきわめてトリッキーで、手堅く首尾一貫した論法で論じれば論じるほど書き手が哀れに見えてくるようなところがある（かつての私のことです）。定義を与えれば次の日にはそれをあっさり裏切るような「なまもの」であるファッションに、正攻法の学術論文のようなスタイルで臨むのは、どうも肩透かしを食らうような気がする。もちろん、それができればすばらしいとは思うのだが。

といって、言葉を尽くすに値しないかといえば、そうではない。ファッションは、浮薄なフリして、油断がならない。表層のステイトメントが、文化や人間の心の思わぬ深淵を、おのずと表してしまうことがある。一見、浮薄で、重要ではなさそうな表現が、「正論」には不可能な方法で、他人、ひいては社会への多大な影響力を知らず知らずのうちに行使していることがある。

ファッション観察を通じてこそ見えてくるそんな発見を、言葉で伝えないというのはあまりにももったいない。問題はどう伝えるか。言葉を与えられた途端、するすると逃げていくような表層のスタイルでもあるファッションのことを書くには、それに見合った表現のスタイルがあるのではないかと思う。

それがいったいどんなスタイルなのか、たぶん永遠に「模索中」となるであろうが、十九世紀、人々からやや侮蔑的に「ダンディ」と呼ばれていた華麗なる男たちを、本来の軽やかな文化現象として、ファッション・ゴシップや伝説のいかがわしい楽しさをまじえて紹介することで、そのようなファッションの力のほんの一部を、具体的にお伝えできるのではないか、とも考える。

自分の立場をくどくどと語るのはダンディズムの精神に反するが、そもそもファッションを語るというのは常にそんな矛盾とのたたかいでもある。

というわけで、私は次のような立場でダンディズムについて書いている。

なによりもまず、ダンディズムはイギリス文化の精華である。この部分は、あるときにはイギリス文化の研究者であった経験を生かして書いている。

同時に、ダンディズムはファッション表現である。この部分は、ジャーナリズムの末端で細々と四半世紀、仕事をつづけてきた経験と勘をもとに書いている。

また、ダンディズムは、本来の意味を通り越して、男の生き方の一表現形式にまで発展している。この部分は、ヒューマン・ゴシップ好きの、一エッセイストとして書いている。

さらに、女のダンディというのはいないこともない（ココ・シャネルもその一人）が、基本的に、ダンディズムは男の問題として登場する。これを男が語ると、「そういう貴殿はどうなのだ」というツッコミが必ずや同胞から飛んでくるのではないかと推測するが（男は男に対してかなり厳しい）、部外者である女がちょっとぐらいとんちんかんなことを言っても、ご寛恕いただけることもある。女の立場に甘え、部外者という立場を最大限に利用し、わが身をふりかえることなく、見たままを書いている。

それらが渾然と不可分になっているが、時を経た今だからこそ厚かましく得ることができた右のような立ち位置において、二十年来の課題を片付けねばならない……という思いで、まとめあげたのが本書である。

本書の歴史部分は、「ジェントリー」（アシェット婦人画報社）二〇〇四年十一月号〜〇五年十月号に連載した「ダンディズムへの招待状　気高き男たちの精神史」、および二〇〇五年十一月号〜〇六年三月号に連載した「ジェントルマンの履歴書」に大幅に加筆したものである。当時の編集長として指針を与えてくださった林信朗さん、担当編集者としてサポートしてくださった猪野高章さん、門前貴裕さんに感謝申し上げます。

また、現代のダンディは「uomo」（集英社）誌上で連載した「エレガンスの社会学　その着こなしに理由あり」より三人分を選び、加筆・訂正した。編集長の岩瀬朗さん、担当編集者の海沼一誠さんにお礼申し上げます。「ホモソーシャルなマッチョ」に関しては、「ハーパース・バザー」（インターナショナル・ラグジュアリー・メディア）誌上に連載の「落日のマッチョ」から四回分を選び、加筆・訂正した。編集長の村上啓子さん、取材に同行してくださった副編集長の東野香代子さん、ありがとうございました。

本書は、「今の日本でダンディズムが求められるとは思えない」という意見に与さなかった新潮社の疇津真砂子さんの激励で、最後まで書き続けました。心からの敬意と感謝を捧げます。

ほかに考えるべき重大な事柄がたくさんあるこんな先の見えない時代に、もっとも役に立たなそうな本書を手にとってくださった読者の皆様にも、感謝申し上げます。

最後に、長期にわたる執筆中、大小の不自由を耐え忍びながら応援してくれた二人の息子にも謝辞を捧げることをお許しいただきたい。彼らにダンディとして育ってほしいか？　と聞かれれば……ビミョウ、であるが。

二〇〇九年新春

中野香織

参考文献

Adams, James Eli. *Dandies and Desert Saints: Styles of Victorian Masculinity.* Ithaca and London: Cornell University Press, 1995.

Barbey D'aurevilly, Jules. *On Dandyism and George Brummell.* 1845.（Translated by George Walden in *Who is a Dandy*? London: Gibson Square Books, 2002.）

Beerbohm, Max. *The Works of Max Beerbohm.* 1896.（reprinted by Kessinger Publishing）

Black, Jeremy. *The Politics of James Bond: From Fleming's Novels to the Big Screen.* University of Nebraska Press, 2005.

Blake, Robert. *Disraeli.* London: Eyre & Spottiswoode, 1966.

Bulwer-Lytton, Edward George Earle. *Pelham; or the Adventure of a Gentleman. 3 vols.* London: Henry Colburn, 1823.

Bryant, Arthur. *The Age of Elegance 1812-1822.* London:Collins, 1950.

Byrde, Penelope. *The Male Image: Men's Fashion in Britain 1300-1970.* London: B.T.Batsford, 1979.

Carelick, Rhonda K.. Rising Star: *Dandyism, Gender, and Performance in the Fin de Siecle.* New Jersey, Princeton University Press, 1998.

Carlyle, Thomas. *Sartor Resartus / On Heroes, Hero-worship and the Heroic in History.* London: J.M.Dent & Sons, 1908.（トマス・カーライル『衣服哲学』石田憲次訳、岩波文庫、二〇〇四年）＊邦訳のあるものは以下同様に示す。

Chapman, James. *Licence to Thrill: A Cultural History of the James Bond Films.* Columbia University Press, 2000.（ジェームズ・チャップマン『ジェームズ・ボンドへの招待』中山義久監修、戸根由紀恵訳、徳間書店、二〇〇〇年）

Chenoune, Farid. *A History of Men's Fashion*. Paris: Flammarion, 1993.
Cicolini, Alice. *The New English Dandy*. London: Thames and Hudson, 2005.
Cicolini, Alice & Breward, Christopher. *21st Century Dandy*. London: British Council, 2003.
Cunnington, C. Willett & Phillis. *A Dictionary of English Costume*. London: Adam & Charles Black, 1960.
Comentale, Edward, Watt, P. Stephen and Willman, Skip (ed.), *Ian Fleming & James Bond: The Cultural Politics of 007*. Indiana University Press, 2005.
Day, Barry. (complied and introduced). *Noël Coward: In His Own Words*. London: Methuen, 2004.
Disraeli, Benjamin. *Vivian Grey. 5 vols*. London: Henry Colburn, 1826.
Eccleshall, Robert and Walker, Graham (ed.). *Biographical Dictionary of British Prime Ministers*. Routledge, 1998.
Foulkes, Nick. *The Last of the Dandies: The Scandalous Life and Escapades of Count D'Orsay*. London: Little Brown, 2003.
Hall, N. John. *Max Beerbohm: A Kind of a life*. Yale University Press, 2002.
Hart-Davis, Rupert (ed.). *The Letters of Oscar Wilde*. London: Rupert Hart-Davis, 1962.
Harvey, John. *Men in Black*. London: Reaktion Books, 1995.（ジョン・ハーヴェイ『黒服』太田良子訳、研究社、一九九七年）
Howarth, Stephen. *Henry Poole: Founders of Savile Row*. Devon:Bene Factum Publishing, 2003.
Jess, William (Captain). *The Life of George Brummell, Esq., commonly called Beau Brummell*. London: Sanders and Otley, 1844.
Kaplan, Joel & Stowell, Sheila (ed.). *Look Back In Pleasure: Noël Coward Reconsidered*. London: Methuen, 2000.
Keers, Paul. *A Gentleman's Wardrobe*. London:Sanders and Otley, 1987.（ポール・キアーズ『英國紳士はお洒落だ』出石尚三訳、飛鳥新社、一九九二年）
Kelly, Ian. *Beau Brummell: The Ultimate Dandy*. London: Hodder and Stoughton, 2005.

Lytton, the Earl of. *The Life of Edward Bulwer, First Lord Lytton. 2 vols*. London: MacMillan, 1913.
Mason, Philip. *The English Gentleman: The Rise and Fall of an Ideal*. New York: William Morrow, 1982.（フィリップ・メイソン『英国の紳士』金谷展雄訳、晶文社、一九九一年）
McDowell, Collin. *The Man of Fashion: Peacock Males and Perfect Gentleman*. London: Thames and Hudson, 1997.
Miner, Brad. *The Complete Gentleman: The Modern Man's Guide to Chivalry*. Dallas: Spence Publishing Company, 2004.
Mitchell, Leslie. *Bulwer-Lytton; The Rise and Fall of a Victorian Man of Letters*. London and New York: Hambledon and London, 2003.
Moers, Ellen. *The Dandy*. London: Secker & Warburg, 1960.
Nevill, Ralf (ed.). *The Reminiscence of Lady Dorothy Nevill*. London: Edward Arnold, 1906.
Parker, Kathleen. *Save the Males: Why men Matter Why Women Should Care*. New York: Random House, 2008.
Plumptre, George. *Edward VII*. London: Pavilion, 1995.
Ray, Gordon N.. *Thackeray: The Uses of Adversity. 1811-1846*. London: Oxford University Press, 1955.
Richmond, Charles and Smith, Paul (ed.). *The Self-Fashioning of Disraeli, 1818-1851*. Cambridge University Press, 1998.
Rosa, Matthew Whiting. *The Silver-Fork School: Novels of Fashion Preceeding Vanity Fair*. New York: Columbia University Press, 1936.
Rudoe, Judy. *Cariter 1900-1939*. London: British Museum Press, 1997.
Roberts, David (ed.). *Lord Chesterfield's Letters*. Oxford University Press, 1992.（チェスターフィールド『わが息子よ、君はどう生きるか――父親が息子に贈る人生最大の教訓』竹内均訳、三笠書房、一九八八年）
Robins, Stephen. *How to Be A Complete Dandy*. London: Prion, 2001.
Sadlier, Michael. *Bulwer: A Panorama. Edward and Rosina 1803-1836*. London: Constable, 1931.

Sedgwick, Eve K.. *Between Men: English Literature and Male Homosocial Desire*. Columbia University Press, 1985.（イヴ・K・セジウィック『男同士の絆——イギリス文学とホモソーシャルな欲望』上原早苗・亀沢美由紀訳、名古屋大学出版会、二〇〇一年）

Smiles, Samuel. *Self-Help, with Illustrations of Character and Conduct*. London: John Murray, 1858.（サミュエル・スマイルズ『西国立志編』中村正直訳、講談社学術文庫、一九九一年）

Smith, S. K.. *The Badass Bible: An Essential Guide for Men*. New York: Red Brick Press, 2004.

Shepherd, Richard Herne. *Memoirs of The Life and Writings of Thomas Carlyle. 2vols*. London: W.H.Allen, 1881.

Thrall, Miriam M.H.. *Rebellious Fraser's: Nol Yorke's Magazine in the Days of Maginn, Thackeray and Carlyle*. New York: Columbia University Press, 1934.

Timbs John. F. S. A.. *Clubs and Club Life in London*. London: Chatto and Windus, 1886.

Viscusi, Robert. *Max Beerbohm, or The Dandy Dante: Rereading with Mirrors*. Johns Hopkins University Press, 1986.

Walden, George. *Who is a Dandy?* London: Gibson Square Books, 2002.

Wilde, Oscar. *Complete Works of Oscar Wilde*. Glasgow: Harper Collins, 1948.

Waldrep, Shelton. *The Aesthetics of Self-Invention: Oscar Wilde to David Bowie*. Mineapolis: University of Minnesota Press, 2004.

Windsor, The Duke of.. *A Family Album*. London: Cassel, 1960.

Ziegler, Philip. *King Edward VIII*. Sutton Publishing, 2001.

Fraser's Magazine. Vol. 1（Jul.1830）, Vol. 3（Jun.1831）, Vol. 5（Feb,1832） Vol. 6（1833）, Vol. 10（Jul.-Aug.1834）, Vol. 17（Mar. 1838）, Vol. 21（Jan. 1840）, Vol. 24（Aug.1841）, Vol. 47（Jan. 1853）

Morning Chronicle（*May.1844*）

New Manthly Magazine. Vol. 19（1827）

Punch (*1881*)
The Yellow Book: An Illustrated Quarterly. Vol I. The Bodley Head, April 1894. *Vol II.* The Bodley Head, July 1894. (reprinted by AMS Press & Arno Press, 1967)
阿部良雄『群衆の中の芸術家——ボードレールと19世紀フランス絵画』中公文庫、一九九一年
荒俣宏『ファッション画の歴史』平凡社、一九九六年
生田耕作『ダンディズム』奢灞都館、一九八七年（文庫版は中公文庫、一九九九年）
野町二、荒井良雄『世界文学シリーズ・イギリス文学案内』朝日出版社、一九七七年
森護『英国王室史話』大修館書店、一九八六年
森護『英国王妃物語』河出文庫、一九九四年
河合秀和『チャーチル　増補版』中公新書、一九九八年
バルダッサーレ・カスティリオーネ『カスティリオーネ　宮廷人』清水純一・岩倉具忠・天野恵訳注、東海大学出版会、一九八七年
リチャード・クライン『煙草は崇高である』太田晋・谷岡健彦訳、太田出版、一九九七年
クリストファー・グラヴェット『馬上槍試合の騎士——トーナメントの変遷』（オスプレイ戦史シリーズ3）須田武郎訳、新紀元社、二〇〇三年
小林章夫『イギリス名宰相物語』講談社現代新書、一九九九年
小林章夫『カミラと英国王室』グラフ社、二〇〇五年
ジョージ・サンプソン（R・C・チャーチル補筆）『ケンブリッジ版　イギリス文学史Ⅲ』平井正穂監訳、研究社、一九七七年
白洲次郎・白洲正子・青柳恵介・牧山桂子ほか『白洲次郎の流儀』新潮社、二〇〇四年
中条省平『最後のロマン主義者　バルベー・ドールヴィイの小説宇宙』中央公論社、一九九二年
ディック・パウンテン、デイヴィッド・ロビンズ『クール・ルールズ』鈴木晶訳、研究社、二〇〇三年

リチャード・ドーバー『図説 騎士道物語──冒険とロマンスの時代』田口孝夫・監訳、原書房、一九九六年
中野香織『スーツの神話』文春新書、二〇〇〇年
チャールズ・ハイアム『王冠を賭けた恋』尾島恵子訳、主婦の友社、一九九〇年
A・C・ハミルトン『サー・フィリップ・シドニー』大塚定徳・村里好俊訳、大阪教育図書、一九九八年
バルザック『風俗のパトロジー』山田登世子訳、新評論、一九八二年
ブルフィンチ『中世騎士物語』野上弥生子訳、岩波文庫、一九四二年
ケネス・ベイカー『英国王室スキャンダル史』森護監修、樋口幸子訳、河出書房新社、一九九七年
シャルル・ボードレール『悪の華』堀口大學訳、新潮文庫、一九五三年
シャルル・ボードレール『ボードレール批評2』阿部良雄訳、ちくま学芸文庫、一九九九年
前川祐一『イギリスのデカダンス 綱渡りの詩人たち』晶文社、一九九五年
村岡健次・鈴木利章・川北実編『ジェントルマン・その周辺とイギリス近代』ミネルヴァ書房、一九八七年
山田勝『ダンディズム 貴族趣味と近代文明批判』NHKブックス、一九八九年
山田勝『オスカー・ワイルドの生涯』NHKブックス、一九九九年
山田勝『ブランメル閣下の華麗なダンディ術──英国流ダンディズムの美学』展望社、二〇〇一年
ラ・ロシュフコー『運と気まぐれに支配される人たち ラ・ロシュフコー箴言集』吉川浩訳、角川文庫、一九七一年
「サライ」「ラピタ」編集部編『カルティエ時計物語』小学館、二〇〇一年
「ウィメンズ・ウエア・デイリー・ジャパン」vol.1484.ＩＮＦＡＳパブリケーションズ、二〇〇八年七月十四日

【ＣＤ】
The Noël Coward Songbook. Ian Bostridge (Tenor), Jeffrey Tate (Piano). EMI Records, 2002.

【ウェブサイト】
「オープナーズ」http://openers.jp

新潮選書

ダンディズムの系譜《けいふ》——男《おとこ》が憧《あこが》れた男《おとこ》たち

著　者………………中野《なかの》香織《かおり》

発　行………………2009年2月20日
2　刷………………2016年7月15日

発行者………………佐藤隆信
発行所………………株式会社新潮社
〒162-8711 東京都新宿区矢来町71
電話　編集部 03-3266-5411
読者係 03-3266-5111
http://www.shinchosha.co.jp
印刷所………………錦明印刷株式会社
製本所………………株式会社大進堂

乱丁・落丁本は、ご面倒ですが小社読者係宛お送り下さい。送料小社負担にてお取替えいたします。
価格はカバーに表示してあります。

ISBN978-4-10-603630-9 C0377

危機の女王　エリザベスII世　黒岩　徹

チャーチル、サッチャーら首相との関係、英王室最大の危機を招いたダイアナ妃問題など、在位61年の軌跡から現代社会における君主のあり方を探る。

《新潮選書》

ロマネスク美術革命　金沢百枝

ピカソも脱帽！　千年前のヨーロッパで花開いたロマネスクこそは、モダンアートにも通じる表現の一大転換点だった。知られざる美の多様性を再発見する。

《新潮選書》

天才の栄光と挫折　数学者列伝　藤原正彦

天才という呼称をほしいままにした9人の数学者。きらびやかな衣の下に隠されたその生身の人間像を、同業ならではの深い理解で綴りあげた錚々たる列伝。

《新潮選書》

美の考古学　古代人は何に魅せられてきたか　松木武彦

社会が「美」を育むのではない。「美」が社会を育んできたのだ。石器から土器、青銅器、古墳まで、いにしえの造形から導きだす、新たなる人類史の試み。

《新潮選書》

芸人という生きもの　吉川　潮

ライバル、師弟、挫折、大化け、ヨイショの神様、酒乱……間近で四十年間接してきた著者が深い愛惜を持って描く落語家や色物芸人たち三十人の演芸人類学！

《新潮選書》

成瀬巳喜男　映画の面影　川本三郎

行きつく映画は成瀬巳喜男――。「浮雲」「流れる」等の名匠が描いた貧しくも健気な昭和、そして美しくも懐かしい女優たち。長年の愛情を刻む感動的評論。
《新潮選書》